불교 영어
첫걸음

안양규 지음

불교 영어
첫걸음

안양규 지음

" How wonderful! "
All beings can
become Buddhas.

" 얼마나 경이로운가! "
모든 존재가
붓다가 될 수 있다.

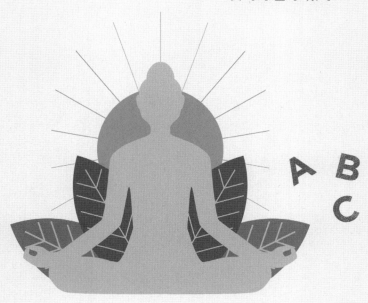

서문

불교에 입문하는 사람이나 영어에 아직 능숙하지 못한 사람을 위해서 본서는 불교와 영어를 동시에 학습할 수 있도록 만들어졌다.

불교를 영어로 공부하는 궁극적인 목적은 불교를 더욱 정확하게 그리고 깊게 이해하기 위한 것이다. 아무래도 익숙한 한글로 된 불교 서적을 읽다 보면 기계적으로 읽게 되어 주의 깊게 읽지 않고 건성으로 읽을 가능성이 많다. 이런 기계적 과정에서는 불교 내용을 깊게 사유할 기회를 갖기가 쉽지 않다.

그러나 영어로 된 불교 서적을 읽게 되면 천천히 읽을 수밖에 없다. 그리고 의미를 생각하면서 읽을 수밖에 없다. 이렇게 외국어인 영어로 된 불교 서적을 읽는 과정에서 자연히 불교를 새롭게 이해하고 이전에 간과했던 새로운 관점이나 내용을 발견하게 되는 것이다.

불교를 영어로 공부할 필요성이 있다. 현재 영어는 국제어로, 모든 분야에서 국제적 소통의 언어가 되어 있다. 불교 분야도 마찬가지이다. 영어로 작성된 불교 관련 논문이나 서적을 보면 양질의 내용을 다루고 있다는 것을 알 수 있다. 유튜브(Youtube)에서도 영어로 된 우수한 불교 콘텐츠가 매일 업로드 되는 것을 확인할 수 있다. 현재 불어나 독일어로 된 영어가 아닌 외국어로 쓰인 훌륭한 불교 서적이나 논문도 거의 모두 영어로 번역된다. 영어로 된 양질의 불교 콘텐츠를 활용하기 위해서 영어 학습이 필요로 한 것이다.

영어로 불교 공부를 하면 얻게 되는 이점 중에 하나는 중요한 불교 용어에 대하여 새롭게 이해하거나 더 명확하게 이해할 수 있게 된다는 것이다. 한국불교는 삼국시대 불교가 전해진 이래로 한역 경전을 기반으로 형성되었다. 오랜 기간 동안 한문 불교를 접하다 보니 불교 용어들이 자연스럽게 일상생활 속에 들어오게 되면서 원래 의미를 잃게 되는 경우가 많다. 인연(因緣)이라는 단어도 불교 전문 용어이지만 일상생활 속에서 많이 사용되다 보니 원래 의미와 다르게 사용되고 있다. 그러나 영어의 경우 불교 원전 언어를 다양하게 번역함에 따라 원어의 의미를 곱씹어서 명료하게 이해할 수 있다.

본 도서는 영국에서 발간된 Buddhism Key Stage 1과 Key Stage 2를 기본 자료로 하고 스리랑카에서 발간된 불교 교육도서와 불교 관련 인터넷 자료를 편집하여 만들었다. 본문에는 출처를 밝히지 않았고 참고문헌에 기록해 두었다.

본서는 크게 두 부분으로 구성되어 있다. 첫 번째 부분은 불교 영문 텍스트와 그 영문 텍스트에 대한 설명으로 이루어져 있다. 본문을 더 정확하게 그리고 편리하게 공부할 수 있도록 교리적인 간단한 설명과 영어 단어나 숙어를 찾아 두어서 시간을 절약할 수 있도록 했다. 두 번째 부분은 영문 본문에 대한 한글 번역이다. 한글 번역은 가능하면 직역을 중심으로 하고 필요한 경우에 의역하였다. 좀 더 정확한 본문 이해를 돕기 위해서는 직역이 더 적절하다고 생각했기 때문이다.

본문 영어 텍스트는 다섯 부분으로 이루어져 있다. 'I. 불교로의 안내에서'는 전체적으로 불교, 붓다, 불교도에 대해 간략히 소개했다. 'II. 붓다의 생애'에서는 간략한 붓다의 전기와 좀 더 자세한 붓다의 전기를 실었다. 'III. 붓다의 가르침'에서는 칠불통계, 업과 윤회, 사성제, 자애 명상을 다루었다. 'IV. 붓다의 제자'에서는 불교 공동체, 불자가 되는 법, 붓다의 제자 3명을 소개하였다. 'V. 불교 이야기'에선 9편의 이야기가 실려 있다.

본서를 이용할 때 페이지 순서대로 읽을 필요는 없다. 관심가는 내용부터 읽어도 좋다. 'IV. 붓다의 제자'나 'V. 불교 이야기'부터 읽어도 좋을 것이다.

본 서적이 불교 영어 입문의 안내자 역할을 충실히 해주어서 영어 불교 자료를 공부하고 싶은 분이나 관심 있는 분들께 조그마한 도움이 되었으면 하는 바람이다.

본서가 나올 수 있도록 도와주신 분들께 여기에 기록하여 감사드리고 싶다. 본서를 기꺼이 맡아주신 오종욱 사장님과 출판사 관계자 여러분께 감사드립니다. 교정을 해주신 명오 스님, 웅경 스님, 이서진님, 김희수님 그리고 이윤정님께 깊이 감사드립니다.

2023 2. 13
경주 남산에서 안양규 합장

차례

제 1 장

불교로의 안내
Introduction to Buddhism

1. What is Buddhism?

The name Buddhism comes from the word 'budhi' which means 'to wake up.' Thus Buddhism is the philosophy of awakening. This philosophy has its origins in the experience of the man Siddhatta Gotama, known as the Buddha, who was himself awakened at the age of 35 in India. Buddhism is now 2,500 years old and has about 370 million followers world-wide.

Buddhism is a philosophy. The word philosophy comes from the words 'philo' which means 'love' and 'sophia'[1] which means 'wisdom'. So philosophy is the love of wisdom or love and wisdom, describing Buddhism perfectly. Buddhism teaches that we should try to develop our intellectual capacity so that[2] we can understand clearly.

---

1) 'philo' 와 'sophia'는 고대 그리이스어로 각각 사랑과 지혜를 의미한다.

2) so that 구문은 '~하기 위해서'라는 뜻의 부사절 접속사이다. 주로 주어 + 동사 + so that + 주어 + 동사의 형태로 쓰임. so that이 이끄는 절이 목적을 나타내는 것이다. 부사절에서 can/could/will/would 와 같은 조동사가 함께 주로 쓰임. e.g.) She worked hard so that everything would be ready in time. (그녀는 모든 것이 시간 내에 준비될 수 있도록 하기 위해 열심히 일을 했다.).

1. 불교란 무엇인가?

불교(Buddhism)라는 이름은 '깨어나다'라는 뜻의 '부디(budhi)'에서 나온 것이다. 그래서 불교는 깨달음(awakening)의 철학이다. 이 철학은 그 기원을 붓다(Buddha)[1]로 알려진 고타마 싯다타(Siddhatta Gotama)[2]라는 사람이 인도에서 35세에 얻은 깨달음의 경험에 두고 있다. 불교는 현재 2,500년이 넘었고 전 세계적으로 약 3억 7천만 명의 추종자가 있다.

불교는 철학(philosophy)이다. 철학이라는 단어는 '사랑'을 의미하는 'philo'와 '지혜'를 의미하는 'sophia'의 합성어이다. 그래서 철학은 지혜에 대한 사랑 또는 사랑과 지혜이며, 불교를 완벽하게 기술하고 있다. 불교는 우리가 명확하게 이해할 수 있도록 지적 능력을 개발해야 한다고 가르친다.

---

1) 고유명사가 아니고 존칭 타이틀로 "깨어있는 자" 즉 각자(覺者)를 의미한다.
2) Siddhatta Gotama는 팔리어 표기이며 산스크리트어로는 Siddhārtha Gautama로 표기된다. Siddhatta는 이름이고 Gotama는 성씨이다.

It also teaches us to develop love and kindness so that we can be like a true friend to all beings. Buddhism is a peaceful religion started by Gotama Buddha. Buddhism is a peaceful way of life taught by the Buddha.

It does not require a belief in a Supernatural being[1], or unquestioning belief in the Buddha and his teachings. But like any scientific teaching or a medicine, it requires an open mind and some trust or faith, to examine the Buddha's teachings and apply them in your daily life. The Buddha was like a scientist or a medical doctor, who not only recognised the suffering in the world, but discovered the deep causes of it, freed or cured himself, and taught others the way to free themselves. His teaching is like a medicine which can bring peace and freedom.

His Holiness the Dalai Lama said that Buddhism is a science of the mind. He said lasting happiness cannot be attained without inner peace. "Inner peace is possible through mind training[2], without which happiness, howsoever great, is fleeting[3] and superficial[4]."

---

1) Supernatural being: 초자연적 존재. 초월적 창조주와 같은 존재를 말한다.
2) mind training: 마음 수련, 마음 개발(mental cultivation). 주로 명상을 통해 마음 개발이 이루어진다.
3) fleeting [fliːtɪŋ]: 빨리 지나가는, 쏜살 같은, 덧없는, 무상한(transient).
4) superficial [sùpərfíʃəl]: 표면(상)의, 외면의; 피상적인, 천박한, 실질적이 아닌, 무의미한.

불교는 또한 우리가 모든 존재에게 진정한 친구가 될 수 있도록 사랑과 친절을 개발시키는 방법을 가르친다. 불교는 고타마 붓다가 시작한 평화로운 종교이다. 불교는 붓다가 가르치는 평화로운 삶의 방식이다.

그것은 초자연적 존재에 대한 믿음이나 붓다와 그의 가르침에 대한 맹목적 믿음을 요구하지 않는다. 그러나 어떤 과학적 가르침이나 의학과 마찬가지로 붓다의 가르침을 살피고 일상생활에 적용하려면 열린 마음과 어느 정도의 신뢰 또는 믿음이 필요하다. 붓다는 마치 과학자나 의사와도 같아, 세상의 괴로움을 인지하였을 뿐만 아니라 그 깊은 원인을 찾아 자신을 해탈시키거나 치유하였고, 다른 사람들에게 해탈의 길을 가르쳐주었다. 그의 가르침은 평화와 자유를 가져다주는 약과 같다.

달라이 라마[1] 존자는 불교는 마음의 과학이라고 말했다. 그는 내적 평화가 없이는 지속적인 행복을 얻을 수 없다고 말했다. "내적 평화는 마음 수련을 통해 가능하며, 그것이 없으면 행복은 아무리 크더라도 덧없고 피상적이다."

---

1) 달라이 라마(Dalai Lama): 큰 바다를 뜻하는 '달라이'와 영적인 스승을 뜻하는 '라마'가 합쳐진 말로, '넓은 바다와 같이 넓고 큰 덕의 소유자인 스승'을 뜻한다. 티베트불교의 법왕의 호칭으로, 티베트의 정신적 지도자이자 실질적인 통치자를 이른다. 14대 달라이 라마는 텐진 가초(Tenzin Gyatso, 1935~)로 2살 때 13대 달라이 라마의 환생자로 인정받았고, 1940년 14대 달라이 라마로 공식 취임하였다.

Buddhism is more than just observing rituals and chanting mantras routinely. It also requires understanding of the in-depth[1] teachings, discipline and practice. Buddhism focuses on[2] personal spiritual development and the attainment of a deep insight into the true nature of life.

---

1) in-depth [ɪnˈdɛpθ]: 철저하고 상세한, 면밀한. e.g.) an in-depth discussion (깊이 있는 논의).
2) focus on: ~에 초점을 두다, 집중하다.

불교는 일상적으로 단지 의식(儀式)을 지키고 만트라[1]를 외우는 것 이상이다. 또한 깊이 있는 가르침, 규율 및 실천에 대한 이해가 필요하다. 불교는 개인의 영적 발전과 삶의 진정한 본성에 대한 깊은 통찰의 달성에 중점을 둔다.

---

1) 만트라(mantra): 산스크리트어로 신비적인 위력을 가진 말이나 단어를 의미한다. 본래는 베다 문헌의 주요 부분을 형성하는 찬가 또는 주구(呪句)를 뜻한다.

2. Who is Buddha?

A title 'Buddha' means 'Awakened One' or one who is awake to the Universal Truth. The Buddha is one who has attained the Supreme Enlightenment. For Buddhists, the word 'enlightenment' means knowing and understanding how to overcome suffering. Buddhists believe that the Buddha learned why there is suffering in the world and how to overcome it. They believe that if they follow his teaching they, too, will be able to overcome suffering.

The first historical Buddha lived and taught about 2,600 years ago in India. The dates that the Buddha lived are not agreed upon, but generally placed around 500-600 BCE[1].

---

1) BCE: Before Common Era. 기원후는 AD[라틴어: Anno Domini '주의 해(年)에']로, 기원전은 BC(Before Christ 예수 이전에)를 주로 써왔다. 최근 종교에 대해 중립적인 입장을 취하기 위해 CE(Common Era '공통 시대')와 BCE(Before Common Era '공통 시대 이전')로 대체하는 경향이 있다.

2. 붓다는 누구인가?

'붓다'라는 칭호는 '깨어난 자' 또는 보편적 진리에 대해 깨어 있는 자를 의미한다. 붓다는 최고의 깨달음을 얻은 분이다. 불교도에게 깨달음이라는 말은 고통을 극복하는 방법을 알고 이해하는 것을 의미한다. 불교도는 붓다가 세상에 왜 괴로움이 있는 지와 괴로움을 극복하는 방법을 알게 되었다고 믿는다. 불교도들은 그의 가르침을 따르면 자신도 고통을 극복할 수 있다고 믿는다.

최초의 역사적 붓다[1]는 약 2,600년 전에 인도에서 살았고 가르쳤다. 붓다가 살았던 시기는 일치하지 않지만 일반적으로 기원전 500~600년경으로 추정된다.

---

1) 역사적 붓다의 성명은 고타마 싯닷타(Gotama Siddhattha)였다. 고타마 붓다 이전에 여러 부처님이 있었다고 신앙되고 있다. 앞으로 미래에 미륵불이 올 것이라고 믿어지고 있다.

The Buddha appears in Buddhist literature under a number of names. His name is given as Siddhattha Gotama. He is only referred to[1] as the Buddha after his enlightenment. It is believed that he was born in what is now South Nepal[2]. The Buddha has the 32 marks of a great man.

The Buddha understood life fully, loved everyone and could teach others skillfully truth about reality, and the way to freedom from suffering. Through his own unceasing effort and understanding, he achieved the highest mental and intellectual achievements. He reached the peak of purity and was perfect in the best qualities of human nature. He was an embodiment of compassion and wisdom[3], the two guiding principles of his teaching.

He proved that man has infinite possibilities and that human effort plays an important role[4] in order to[5] develop these possibilities. He showed with his own experience that enlightenment and liberation[6] are in the hands of man.

---

1) be referred to as: ~로 불리어지다. e.g.) Salt was referred to as magic white sand (소금은 마법의 히얀모래라고 불리어진다.
2) what is now South Nepal: 현재 네팔 남쪽의 룸비니(Rumbini)를 말하고 있다.
3) compassion은 자비를, wisdom은 지혜를 의미한다. 지혜와 자비는 부처님의 두 가지 대표적인 덕목이다.
4) play a role: 역할을 하다.
5) in order to: ~하기 위해서.
6) enlightenment and liberation: 정각(正覺)과 해탈(解脫).

붓다는 불교 문헌에 여러 명칭으로 등장한다. 그의 이름은 고타마 싯닷타로 불린다. 그는 깨달음을 얻은 후에야 붓다라고 불린다. 그는 지금의 네팔 남부에서 태어났다고 믿어진다. 붓다는 위대한 사람의 32가지 특징을 가지고 있다.[1]

붓다는 삶을 완전히 이해하고 모든 사람을 사랑하며 사람들에게 현실에 대한 진리와 고통에서 벗어나는 길을 능숙하게 가르칠 수 있었다. 그는 자신의 끊임없는 노력과 이해를 통해 최고의 정신적이고 지적 업적을 달성했다. 그는 청정의 절정에 이르렀고 인간 본성의 최고의 자질을 완성했다. 그는 자신의 가르침의 두 가지 안내 원칙인 자비와 지혜의 화신이었다.

그는 인간에게는 무한한 가능성이 있으며 이러한 가능성을 개발시키기 위해서는 인간의 노력이 중요한 역할을 한다는 것을 입증했다. 그는 깨달음과 해탈이 사람의 손에 놓여 있음을 자신의 경험으로 보여주었다.

---

1) 부처님의 신체적 특징으로 크게 32가지, 세부적으로 80가지가 있다. 전륜성왕(轉輪聖王)도 그러한 모습을 갖추고 있다. 삼십이상 팔십종호(三十二相 八十種好)는 고대 인도에서 위대한 사람(mahāpuruṣa)이 갖춘 이상적인 모습이다.

The Buddha encouraged his students to cultivate their self-effort[1] as follows: "One indeed is one's own saviour[2]. How can others be a saviour to one? With oneself thoroughly tamed, one can attain a saviour, which is so difficult to attain."

The Buddha says, "You yourselves should make the effort. The Buddhas can only show the way. Those who meditate and practice are freed from the bonds of death".

It is with this principle of individual responsibility that[3] the Buddha offers freedom to his disciples. This freedom is unique in the history of religion and is necessary because, according to[4] the Buddha, the release of man depends on his own awareness of the Truth and not on the goodness of a God or any external force in the form of a reward[5] for his obedient[6] behavior.

---

1) self-effort는 자력(自力)을 의미한다.
2) saviour [séivjər]: 구세주, 구주(救主), 구조자.
3) It is A that: A를 강조하는 구문.
4) according to: …에 따라서, …에 응해서[일치하여]. e.g.) according to the orders (명령에 따라).
5) reward [riwɔ́:rd]: 보수, 포상; 사례금. e.g.) the reward for the virtue (덕에 대한 보상).
6) obedient [oubíːdiənt]: 순종하는, 유순한, 고분고분한, 말 잘 듣는.

붓다는 제자들에게 다음과 같이 자기 노력을 계발하도록 격려했다. "자신이야 말로 자신의 구원자이다. 다른 사람이 어떻게 자신의 구원자가 될 수 있겠는가? 철저하게 자신을 다스리면 매주 얻기 어려운 구세주를 얻을 수 있다."

붓다는 말하였다. "여러분 스스로 노력해야 한다. 붓다는 오직 길을 보여줄 수 있을 뿐이다. 명상하고 수행하는 사람은 죽음의 결박에서 해탈된다."

붓다는 바로 이 개인의 책임 원칙과 함께 제자들에게 자유를 주었다. 이러한 자유는 종교의 역사에서 독특하며 필요하다. 왜냐하면 붓다에 의하면 인간의 해탈은 그의 순종적인 행동에 대한 보상의 형태로 신의 선함이나 어떠한 외부 힘에 의존하는 것이 아니라 진리에 대한 자신의 자각에 달려있기 때문이다.[1]

---

1) 절대적인 신(神, God)에 대한 복종과 헌신에 대한 댓가로 신의 은총을 입거나 외적인 어떤 힘에 의존하는 것이 아니다. 자기 자신의 지혜에 의해 해탈할 수 있다. 불교는 무조건적인 맹신보다도 지혜를 더 강조하고 있다.

It is good to learn about Buddhism, because the Buddha taught a way to peace and happiness for everyone. If we take his teachings and cultivate the path he taught, we find lasting personal peace and security[1], and we grow in understanding of ourselves and world around us.

If everyone followed the Buddha's advice, there would be no wars, no violence or crime, we could trust other people more, and feel much safer anywhere we live and anywhere we go. Many wild and domestic animals would also feel much safer and happier, and most of the environmental problems would disappear.

Some of them accepted whatever the Buddha said without thinking for themselves. The Buddha said, "If you find my teachings helpful, the best thing to do is to practise them. Do not waste your time praising me. If you want to please[2] me, follow the teachings. This will please me much more than praise." The Buddha taught his disciples to test what he taught just as they would not buy gold without testing it first to make sure[3] it was the real thing.

---

1) security [sikjúəriti]: 안전, 무사, 안심.
2) please [pliːz]: 기쁘게 하다, 만족시키다(satisfy), …의 마음에 들다. e.g.) Please the eye (눈을 즐겁게 하시오). e.g.) We can't please everybody. (모든 사람을 다 만족시킬 수는 없다).
3) make sure: 확실하게 하다. 어떤 일에 대해 확실하게 알아보거나 확인할 때 또는 어떤 일을 꼭 하라고 당부할 때 쓸 수 있는 표현이다. e.g.) She made sure that it didn't matter. (그것은 중요하지 않다는 것을 그녀는 확실히 해 두었다).

붓다는 모든 사람을 위한 평화와 행복의 길을 가르치기 때문에 불교에 대해 배우는 것은 좋은 일이다. 우리가 그의 가르침을 따르고 그가 가르친 길을 닦는다면, 우리는 지속적인 개인적 평화와 안정을 찾게 되며, 우리 자신과 우리를 둘러싸고 있는 세계에 대한 이해를 향상할 수 있다.

모두가 붓다의 가르침을 따랐다면 전쟁도, 폭력도 범죄도 없었을 것이고, 우리는 다른 사람들을 더 신뢰할 수 있었을 것이고 우리가 어디에 살든, 그리고 어디를 가든지 훨씬 더 안전하다고 느낄 수 있었을 것이다. 많은 야생 동물과 가축들도 훨씬 더 안전하고 행복해지며, 대부분의 환경 문제가 사라질 것이다.

제자들 중 일부는 스스로 생각하지 않고 붓다가 말한 모든 것을 받아들였다. 붓다는 말하였다. "내 가르침이 도움이 된다고 생각한다면, 가장 좋은 것은 실천하는 것입니다. 나를 칭찬하는 데 시간을 낭비하지 마십시오. 나를 기쁘게 하고 싶다면 가르침을 따르십시오. 이것이 나를 칭찬하는 것보다 훨씬 더 나를 기쁘게 하는 것입니다." 붓다는 제자들에게 금이 진짜인지 확인하기 위해 먼저 시험하지 않고는 금을 사지 않는 것처럼 자신이 가르친 것을 시험하라고 가르쳤다.

The Buddha stated, "You should never accept what I say as true simply because I have said it. Rather, you should test the teachings yourself to see if they are true or not. If you find that they are true and helpful, then practise them. But do not do so merely out of respect[1] for me." "Also, do not criticize[2] the teaching of others[3] and say they are no good. There are many other great teachers in the world and they all have their own way of helping people. So do not insult[4] any of them. This is not your business. Your only business is to find happiness and help others find it, too."

---

1) out of respect: 존경해서. e.g.) He took off his hat out of respect. (그는 존경심의 표시로 모자를 벗었다).

2) criticize [krítisàiz]: 비평하다, 흠을 찾다, 혹평하다, 비난하다.

3) Others는 막연하게 다른 사람들이라는 의미가 있는 대명사이다. Other는 혼자서 대명사로 쓰일 수 없지만 others는 대명사로 쓸 수 있다. e.g.) Having consideration for others is a must. (남들을 배려하는 것은 필수적이다).

4) insult [ínsʌlt]: 모욕하다, …에게 무례한 짓을 하다; 해치다.

붓다는 말하였다. "내가 말하였다고 하여 내 말을 진실이라고 받아들이지 마세요. 오히려 나의 가르침이 사실인지 아닌지 스스로 시험해 봐야 합니다. 그것들이 참되고 도움이 된다고 생각되면 그것을 실천하십시오. 그러나 단지 나를 존경하는 마음에서 그렇게 하지 마십시오." "또한 다른 사람의 가르침을 비방하고 좋지 않다고 말하지 마십시오. 세상에는 다른 훌륭한 스승들이 많이 있고, 그들 모두가 사람을 돕는 자신들만의 방법이 있습니다. 그러므로 그들을 모욕하지 마십시오. 이것은 당신의 일이 아닙니다. 당신의 유일한 일은 행복을 찾고 다른 사람들도 그것을 찾도록 돕는 것입니다."

He taught his followers to test for themselves; to be kind to others and to respect everyone. The Buddha was primarily a man and did not claim[1] to have been inspired by any God, any supernatural being or any external authority. He attributed[2] all his awareness and achievements to human endeavor and human intelligence.

The life of the Buddha stays clean in the world without being polluted by it like a lotus living in water. "Like a lotus[3] born and raised in water, that stands above the water and is untouched by the water, so the Buddha was born and raised in the world, but having overcome the world, he remained untouched by the world". He is a good example to the society.

---

1) claim [kleim]: 공언하다; 자칭하다; 주장하다. e.g.) I claim to be the rightful heir. (내가 정당한 상속인임을 주장한다).
2) attribute [ətríbjɯt]: (…에) 돌리다, (…의) 탓으로 하다, (…의) 행위로[소치로, 업적으로] 하다. e.g.) He attributes his success to a friend's encouragement. (그는 자신의 성공을 친구의 격려 덕분으로 생각하다).
3) lotus [lóutəs]: 연꽃.

그는 제자들에게 스스로 테스트하고 다른 사람들에게 친절하고 모든 사람을 존중하라고 가르쳤다. 붓다는 일차적으로 사람이었으며 신이나, 초자연적 존재 또는 외부 권위에서 영감을 받았다고 주장하지 않았다. 그는 자신의 모든 자각과 성취를 인간의 노력과 인간 지능 덕분이라고 보았다.

붓다의 삶은 물속에 사는 연꽃[1]과 같이 세상에 더럽혀지지 않고 깨끗한 상태를 유지하고 있다. "물에서 태어나 자라는 연꽃이 물 위에서 물에 닿지 아니하는 것과 같이 붓다도 세상에 태어나 자랐으나 세상을 이기고 세상에 물들지 아니하며 머물렀다." 그는 사회에 좋은 본보기이다.

---

1) 연꽃은 불교의 이상적인 삶을 상징하는 꽃으로 여겨진다. 뿌리는 더러운 곳에 있지만 꽃은 더러움에 물들지 않고 아름다운 꽃을 피우는 모습을 이상적인 수행자의 삶을 보여준다.

3. Who is a Buddhist?

A Buddhist is a follower of the Buddha. In its full sense, it means he or she takes a refuge, or a protection, in the Triple Gem,[1] studies the Buddha's teachings and practices. Soon after the Buddha began teaching, he gained a great number of[2] disciples[3] who followed him from place to place.

Buddhism started in India around 600 BCE. About two hundred years after the Buddha's death, two main schools of Buddhism developed in India: Theravada and Mahasamighika developed to be Mahayana.

---

1) Triple Gem: 삼보(三寶). Three Jewels는 불(佛, Buddha), 법(法, Dhamma), 승(僧, Sangha)을 일컫는다.
2) a number of: '많은'이라는 의미이고 참고로 the number of ~ 의 뜻은 "~의 수량" 이다. a number of students(많은 학생들) vs the number of students (학생들의 숫자).
3) disciple [disáipəl]: 제자, 문하생, 신봉자.

3. 누가 불자인가?

불자는 붓다의 제자이다. 완전한 의미에서 불자란 남자 혹은 여자가 삼보를 피난처 또는 보호처로 삼아 붓다의 가르침을 연구하고 수행한다는 의미이다. 붓다가 가르침을 시작한 지 얼마 되지 않아 여기저기서 그를 따르는 많은 제자들이 생겼다.

불교는 기원전 600년경 인도에서 시작되었다. 붓다 사후 약 200년 경 인도에서는 상좌부(上座部, Theravada)와 대승불교(Mahayana)로 발전하게 된 대중부(大衆部, Mahasamghika) 두 가지 주요 불교 학파가 발전했다.[1]

---

1) Theravada and Mahasamighika: 상좌부와 대중부. Theravada는 상좌부(上座部)이며 보수적인 성향을 지니고 있는데 비해 Mahasamighika는 혁신적인 성격을 갖추고 있다. Mahayana: 대승불교는 기원 전후에 나타난 불교로 대중적인 성향을 갖추고 있다. 대승불교는 대중부 계통에서 발달한 것으로 여겨진다.

In spite of[1] various differences, both Theravada and Mahayana traditions treasure[2] the Triple Gem. Both traditions accept Gotama Buddha as the founder[3] of Buddhism, and Four Noble Truths[4] and the law of Karma[5], as the core teachings. Both have a monastic Sangha[6], but their robes and some rules of conduct slightly vary[7].

Buddhist missionary activity outside of India began during King Asokha's reign[8] around 250 BCE. Buddhist missionaries introduced successfully the Buddha's teachings first to Ceylon (modern Sri Lanka).

---

1) in spite of : ~에도 불구하고, ~을 무릅쓰고. e.g.) in spite of oneself (자신도 모르게, 무심코).

2) treasure [tréʒər]: 소중히 하다, 마음에 새기다, 명기하다. 보석처럼 여기다. e.g.) Treasure friendship. (우정을 소중히 해라).

3) founder [fáundər]: 창립자, 설립자, 발기인; (학파나 종파 등의) 창시자. 교주(教主), 교조(教祖), 개조(開祖).

4) Four Noble Truths: 사성제(四聖諦).

5) karma: 산스크리트어로 업(業)을 의미한다.

6) Sangha: 산스크리트어이며 음사하여 僧伽(승가)라고 표기된다.

7) vary [véəri]: 가지각색이다, 다르다. e.g.) vary in price (값이 다르다).

8) reign [rein]: 군림하다, 지배하다《over》; 세력을 떨치다, 영향력을 행사하다. e.g.) The King reigns, but he does not rule. (왕은 군림하나 통치하지는 않는다).

다양한 차이점에도 불구하고, 상좌부와 대승불교 전통은 모두 삼보를 소중히 여긴다. 두 전통 모두 고타마 붓다를 불교의 창시자로 받아들이고 사성제와 업의 법칙을 핵심 가르침으로 받아들인다. 두 전통 다 출가 승가를 가지고 있지만 그들의 의복과 일부 행동 규칙[1]은 약간 다르다.

인도 이외의 지역에서 불교 포교 활동은 기원전 250년경 아소카 왕[2]의 통치 기간에 시작되었다. 불교 전법사들은 처음으로 실론(지금의 스리랑카)에 붓다의 가르침을 성공적으로 소개했다.

---

1) 의복은 스님들이 입는 가사를 의미하고 행동 규칙은 스님들이 지켜야 하는 계율을 의미한다.
2) 마우리아 왕조는 제3대 아소카왕 시대(약 기원전 273~232년)에 전성기를 누렸다. 카링가 전쟁 이후 아소카왕은 불교로 개종하여 불교를 제국의 공식 종교로 만들었다. 불교의 법(法, Dharma)에 바탕을 둔 정치를 시행하였다.

Over the next few centuries, as monks and nuns[1] from the Theravada and Mahayana schools carried the Buddha's teaching to various other Asian countries, Theravada and Mahayana traditions slowly developed. After 500 A.D. Buddhism gradually declined[2] in India. Presently[3], only about 1% of Indians are Buddhists, and most of them follow the Mahayana tradition.

At present, Theravada Buddhism is a major religion in Sri Lanka, Thailand, Myanmar, Laos and Cambodia. Mahayana Buddhism is a major religion in China, Korea, Japan, Vietnam, Tibet, Nepal and Bhutan. Serious study of Buddhism in the West began only in the early 19th century. By the end of the 20th century, both Theravada and Mahayana had spread to many western countries.

Buddhism is becoming popular among people in United States, Western Europe and Australia. Both Mahayana and Theravada schools are growing in popularity in the West. While the Theravada and Mahayana ideals are little different, helping others to be free from suffering is emphasised in both traditions.

---

1) monks and nuns: 비구와 비구니.

2) decline [dikláin]: (아래로) 기울다, 내리막이 되다; (세력·건강 등이) 쇠하다, 감퇴[감소]하다. e.g.) He has declined in health. (그는 건강이 쇠약해졌다).

3) presently [prézəntli]: 현재(at present). e.g.) She is presently away from home. (그녀는 지금 집에 없다).

그 후 몇 세기 동안 상좌부와 대승불교의 비구와 비구니들이 붓다의 가르침을 여러 아시아 국가에 전하면서 상좌부와 대승불교 전통이 서서히 발전했다. 서기 500년 이후 인도에서 불교는 점차 쇠퇴했다. 현재 인도인의 약 1%만이 불교도이며 그 대부분이 대승불교 전통을 따른다.[1]

현재 상좌부 불교는 스리랑카, 태국, 미얀마, 라오스, 캄보디아의 주요 종교이다. 대승불교는 중국, 한국, 일본, 베트남, 티베트, 네팔, 부탄의 주요 종교이다. 서양에서 불교에 대한 진지한 연구는 19세기 초[2]에야 시작되었다. 20세기 말까지 상좌부와 대승불교는 모두 많은 서구 국가에 퍼졌다.

불교는 미국, 서유럽 및 호주에서 사람들 사이에서 인기를 얻고 있다. 대승불교와 상좌부는 모두 서구에서 인기를 얻고 있다. 상좌부(Theravada)와 대승불교(Mahayana)의 이상은 거의 다르지 않지만 다른 사람들이 고통에서 벗어나도록 돕는 것은 두 전통 모두에서 강조된다.

---

1) 현대 인도의 불교 부흥은 암베드카르 (Ambedkar, 1891~1956)에 의해 불가촉천민을 중심으로 진행되었다. 암베드카르는 불가촉천민 제도의 근원은 힌두교에 있다는 이유에서 수십만의 대중과 함께 불교로 개종했는데 그의 불교는 기존의 불교와 구별해서 신불교라고 불리기도 한다.
2) 19세기에 유럽 제국이 동남아시아 불교 국가를 지배하면서 불교를 본격적으로 알게 되었고 옥스퍼드 대학 등 유럽의 대학교에서 불교를 학문적으로 연구하였다.

For the first 400 years the Buddha's teachings was recited and memorised by monks and nuns. Though writing was known in India at that time, it was not customary[1] to record sacred teachings in writing. So for 4 centuries the Dhamma was passed on orally. The Theravada scriptures were first written down 100 BCE. in Ceylon (Sri Lanka), on plant leaves[2].

They form the Theravada, or Pali canon. It is written in Pali language. The Mahayana scriptures were written down between 100 A.D. and 300 A.D., in Sanskrit language. They form the Mahayana canon. Both canons contain some teachings and discourses that are very similar, and also some that are different.

---

1) customary [kʌ'stəmməri]: 습관적인, 재래의, 통례의; 관례에 의한, 관습상의 e.g.) It is customary for me to get up at six. (6시에 일어나는 것이 나의 습관이다).
2) plant leaves: 야자수 나뭇잎을 가공하여 종이처럼 만들어 사용함,

처음 400년 동안 비구들과 비구니들은 붓다의 가르침을 암송하고 기억했다. 당시 인도에서는 문자가 알려져 있었지만 신성한 가르침을 문자로 기록하는 것은 관습이 아니었다. 그래서 4세기 동안 법은 구두로 전해졌다. 상좌부 경전은 실론(스리랑카)에서 기원전 100년에 처음으로 나뭇잎에 기록되었다.

그것들은 상좌부 또는 팔리(Pali)[1]경전을 형성한다. 그것은 팔리어 언어[2]로 작성되었다. 대승 경전은 서기 100년에서 300년 사이에 산스크리트어로 기록되었다. 그것들은 대승 불교 경전을 형성한다. 두 전통의 경전에는 매우 유사한 일부 가르침과 담론이 포함되어 있고 일부는 다르다.

---

1) 팔리(Pali): 인도 중부지방의 고대 언어로 여겨지고 있으며 현재 스리랑카·미얀마·태국 등 동남아시아 나라에서 남방(南方) 불교의 성전어로 사용되고 있다. 소리만 남아 있고 글자는 없다.
2) 전승에 의하면 불교 경전이 처음으로 문자화되기 시작한 것은 스리랑카에서였다. BCE 44년 왕위에 오른 왓따가마니-아바야(Vattagamani-Abhaya)는 14년간 전쟁을 지속하였다. 전쟁과 가뭄, 기근 등으로 승려들은 더 이상 경전을 구전으로는 전달하기 힘든 지경에 이르게 되어 경전을 문자화하기 시작하였다.

제 2 장

붓다의 생애
Life of the Buddha

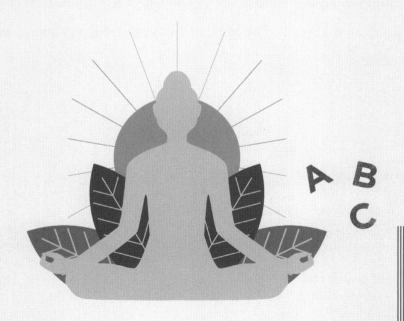

1. Short Version of the Life of the Buddha

About 2,600 years ago, there lived a great king named Suddhodana. He had a pretty wife called Maya[1]. They lived at the bottom of the Himalayan Mountains in northern India.

One night, Queen Maya had a wonderful dream. She saw a huge white elephant come into her room. It was holding a lotus flower. The elephant blew its trunk[2] as it was walking round her bed three times[3].

In the morning, the king asked his wise men[4] about the queen's dream. They said, "Oh King! A great son will be born to Queen Maya." The king and queen were very happy with this news.

---

1) Maya: 마야 왕비. Mayadevi 또는 Mahamaya라고도 불린다.
2) trunk [trʌŋk]: 코끼리 코.
3) walking round 3 times: 우요3잡(右繞三匝), 부처님을 뵙고 떠날 때 드리는 인사법이다. 탑이나 불상을 오른쪽으로 세 번 돌아 존경의 마음을 표시한다.
4) wise men은 관상가들 혹은 아시따(Asita) 선인을 의미한다. man[mæn]: 부하, 아랫사람(a sub-ordinate. a follower)

1. 간략한 붓다의 전기

약 2,600년 전 숫도다나[1]라는 위대한 왕이 살았다. 그에게는 마야라는 아름다운 아내가 있었다. 그들은 인도 북부의 히말라야 산맥 기슭에 살았다.

어느 날 밤, 마야 여왕은 멋진 꿈을 꾸었다. 그녀는 거대한 흰 코끼리[2]가 그녀의 방으로 들어오는 것을 보았다. 백상은 연꽃을 들고 있었다. 코끼리는 침대 주위를 세 번 돌면서 코로 소리를 내었다.

아침에 왕은 현자들에게 왕비의 꿈에 대해 물었다. 그들은 말했다, "왕이시여! 위대한 아들이 마야 왕비에게서 태어날 것입니다." 왕과 왕비는 이 소식에 매우 기뻐했다.

---

1) 숫도다나(Suddhodana)는 정반왕(淨飯王)이라고 한역된다.
2) 거대한 백상은 희귀한 코끼리로 고대 인도에선 비를 내리는 신으로 신앙되었다. 코끼리는 농경 사회에서 풍요를 가져오는 존재로 신앙되었다. 태자가 앞으로 많은 이들에게 행복을 가져올 것이라는 것을 보여주고 있는 장면이다.

Queen Maya gave birth to[1] Prince Siddhartha[2] in a pretty royal park[3]. It was the full-moon day of May[4]. All the trees were in flower. The bees were humming around the fresh flowers. The birds were singing sweetly. Everyone was happy because a prince had been born.

The prince was very kind. He never hurt anything, not even the smallest animals. One day, his cousin shot a swan[5]. It fell to the ground and was badly hurt. The prince felt sorry for it. He picked it up and looked after[6] it. He knew that all animals wanted to live. They did not want to die.

In the palace, the prince had many teachers. He was a very good student. His father wished that one day he would become a great king[7]. The prince grew up to be a strong, handsome, young man. He married a beautiful girl[8]. They lived happily together.

---

1) give birth to: (아이를) 낳다, 출산하다. (produce, bear)
2) Siddhartha: 싯달타. 목적이나 뜻이 성취된다는 의미이다
3) a pretty royal park: 녹야원(Deer Park)을 말한다.
4) Vesak [vesæk]: 양력으로 5월 중에 해당한다.
5) swan [swɒn]: 백조.
6) look after: 돌보다. (take care of, care for, tend to somebody)
7) a great king: 전륜성왕(轉輪聖王, universal king)
8) a beautiful girl: 야소다라(Yasodhara)를 가리킨다.

마야 왕비는 아름다운 왕실 동산[1]에서 싯다르타 왕자를 낳았다. 5월의 보름날[2]이었다. 모든 나무에 꽃이 피었다. 벌들은 싱그러운 꽃 주위를 윙윙거리고 있었다. 새들은 달콤하게 노래하고 있었다. 왕자가 태어났기 때문에 모두가 기뻐했다.

왕자는 매우 친절했다. 그는 아무것도, 심지어 가장 작은 동물조차도 해치지 않았다. 어느 날 그의 사촌[3]이 백조를 쐈다. 백조는 땅에 떨어져 크게 다쳤다. 왕자는 백조에 대해 안타까움을 느꼈다. 그는 백조를 집어 들고 돌보았다. 그는 모든 동물[4]이 살기를 원한다는 것을 알고 있었다. 그들은 죽고 싶지 않았다.

왕궁에는 왕자에게 많은 스승이 있었다. 왕자는 아주 좋은 학생이었다. 왕자의 아버지는 언젠가 왕자가 위대한 왕이 되기를 바랐다. 왕자는 강하고 잘생긴 청년으로 자랐다. 왕자는 아름다운 소녀와 결혼했다. 그들은 함께 행복하게 살았다.

---

1) 왕실 소유의 동산은 룸비니(Rumbini)를 가리킨다.
2) 인도의 5월 보름날은 베삭(Vesak)이다. 양력으로 붓다의 탄생일, 정각일, 첫설법일, 열반일이 모두 동일한 날로 기념된다.
3) 데바닷타(Devadatta)를 가리킨다. 데바닷타는 출가 후에도 붓다를 해치려고 하였다.
4) all animals: 축생. cf. sentient beings: 중생; 감각이 존재하는 모든 생명체 (식물, 무생물은 중생에서 제외). "모든 중생들은 회초리(danda)를 싫어한다." 모든 중생은 폭력을 원치 않고 평화롭게 살기를 바란다.

One day, when the prince visited a village, he saw four people: one sick, one old, one dead and a holy man. The first three made him very sad. The holy man made him think about what it meant to be happy[1].

At the age of twenty-nine, the prince gave up[2] his palace life. He left his family to find a way to make everyone happy. For the next six years, he went from place to place[3]. He learnt from many wise teachers.

He had a lot of[4] hardship[5], but he did not give up. He kept[6] looking for[7] a way to get rid of[8] sadness in the world. He became wiser day by day[9].

---

1) to be happy: Nirvana, 노병사의 고통에서 벗어난 상태(Bliss).
2) give up: 포기하다, 버리다(abandon), 떠나다(leave).
3) from place to place: 이곳저곳, 이리저리 .
4) a lot of: 많은(many, much).
5) hardship: 역경, 고행; 금식이나 숨 참기 등으로 육체를 괴롭히는 수행.
6) keep -ing: ~을 지속하다, 계속하다.
7) look for: 찾다, 구하다(seek, pursue), 기대하다(anticipate).
8) get rid of: 제거하다(remove).
9) day by day: 나날이(daily).

어느 날 왕자가 마을을 방문했을 때 네 사람을 보았다.[1] 한 명은 병자, 또 한 명은 노인, 또 한 명은 죽은 자이고 또 한 명은 성자[2]였다. 처음 세 명은 그를 매우 슬프게 만들었다. 그 성자는 그에게 행복이 무엇을 의미하는지 생각하게 했다.

스물아홉의 나이에 왕자는 궁궐 생활을 포기했다. 그는 모든 사람을 행복하게 하는 방법을 찾기 위해 가족을 떠났다.[3] 그 후 6년 동안 그는 이곳저곳을 돌아다녔다. 그는 많은 현명한 스승들[4]에게 배웠다.

그는 많은 어려움을 겪었지만 포기하지 않았다. 그는 세상의 슬픔을 없앨 방법을 계속해서 찾고 있었다. 그는 나날이 현명해졌다.

---

1) 사문유관(四門遊觀): 네 개의 성문을 통하여 궁궐 밖에서 병자, 노인, 죽은 자, 출가수행자를 목격함.

2) 성자는 여기에서 사문(Samana)을 가리키는 수행자로 붓다 당시 바라문(Brahmin)에 반대하였다.

3) 출가와 가출의 차이는 '목적'이 무엇이냐에 달려있다. 출가는 대원을 성취하기 위해, 더 큰 행복을 찾기 위해 집을 떠나는 것이다. 반면에 가출은 부정적인 이유로 인해 집을 떠나는 것이다. 거지와 비구의 차이는 음식을 다른 사람에게 의존하는 것은 외견상 같지만 목적이 서로 다르다. 거지는 자신이 노동하지 않고 자신의 배만 채우기 위해 구걸한다. 반면에 비구는 붓다의 가르침을 배워 더불어 함께 행복하기 위한 목적으로 재가자에게 의식주를 의존한다. 수행시간을 더 많이 확보하기 위해 노동하지 않는 것이다.

4) 대표적으로 '알라라 깔라마', '웃따까 라마뿟따'가 있다. Master와 disciple(제자)가 서로 연결되며, 제자는 스승과 삶을 함께하는 운명 공동체다. Teacher와 student(학생)가 서로 연결되며 주로 학생은 스승으로부터 지식을 습득한다.

At last[1], he sat under a huge Bodhi Tree. He meditated[2] over and over[3] on these questions, "Why do people suffer? How can I help them to be happy?" At the age of thirty-five, he found a way for people to end their pain and sadness. From then on[4], he was called the Buddha.[5]

The Buddha first told his ideas to five monks[6], "There are problems in all our lives. These problems come from being selfish[7]. If we get rid of being selfish, we could be wise and happy."

For the next forty-five years, many people, rich and poor, young and old, came to listen to the Buddha's teachings, "We should always think about what we do[8]. If we do good, good things will happen to us. If we do bad, bad things will happen to us." At the age of eighty, the Buddha passed away[9].

---

1) at last: 마침내.
2) meditate on: ~에 대해 깊이 사유하다.
3) over and over: 반복해서. e.g.) She betrayed his trust over and over again. (그녀는 거듭해서 그의 신뢰를 배반했다).
4) from then on: 그때부터 쭉.
5) Buddha: awakened one, enlightened one. √Budh(보리수와 붓다의 공통 어근): 깨닫다, 얻다, 이해하다. 지혜는 광명으로 상징된다.
6) five monks: 초전법륜의 대상인 다섯 비구를 나타낸다.
7) being selfish: 이기주의. 배타적인 이기주의를 없애기 위해 무아(無我)를 가르침.
8) what we do: '업'(karma), 행위(action).
9) pass away: 입멸하다, 열반하다, 돌아가다(=return).

마침내 그는 거대한 보리수[1] 아래에 앉았다. 그는 다음과 같은 질문에 대해 반복해서 숙고했다. "왜 사람들은 고통을 받는가? 어떻게 하면 그들이 행복해지도록 도울 수 있을까?" 35세에 그는 사람들이 고통과 슬픔을 끝낼 수 있는 방법[2]을 찾았다. 그 후 그는 붓다라고 불렸다.

붓다는 먼저 다섯 승려에게 자신의 생각을 말하였다. "우리의 삶에는 문제가 있다. 이러한 문제는 이기심에서 비롯된다. 이기심을 버리면 현명하고 행복해질 수 있다."

그 후 45년 동안 부자와 가난한 자, 노소를 막론하고 많은 사람들이 붓다의 가르침을 듣기 위해 찾아왔다. "우리는 우리가 하는 것에 대해 늘 생각해야 한다. 우리가 선을 행하면 우리에게 좋은 일이 일어날 것이다.[3] 우리가 나쁜 짓을 하면 우리에게 나쁜 일이 일어날 것이다."[4] 80세에 붓다가 입적하였다.

---

1) 보리수(Bodhi Tree): 보리수는 붓다의 무상(無上) 정각(正覺)을 상징하는 나무이다. 보리수는 불자들에 의해 신앙과 존경의 대상이 되어 보호되고 있다.
2) 대표적으로 4성제 8정도를 의미한다.
3) 선인선과(善因善果), 선인낙과(善因樂果).
4) 악인악과(惡因惡果), 악인고과(惡因苦果).

2. Longer Version of the Life of the Buddha

1) The birth of the prince and Asita's prediction

(1) The birthplace of the prince

A long time ago, at the foot of the Himalayan Mountains, there was a small kingdom called Kapilavatthu. Here, the righteous and mighty King Suddhodana[1] ruled over the Sakya clan[2]. His capital city was a delightful[3] place, where a mass of joyful people with handsome features and flashing eyes crowded the squares and market places. Young girls walked gracefully along the streets, wearing their sparkling jewellery.

---

1) Suddhodana: 정반왕(淨飯王)이라고 한역된다.

2) Sakya clan: 석가족(釋迦族). 석가족은 능력 있는(able) 종족이라는 의미이다.

3) delightful [diláitfəl]: 기쁨이 넘치는.

2. 좀 더 자세한 붓다의 전기

1) 왕자의 탄생과 아시타의 예언

(1) 왕자의 탄생지

오래 전, 히말라야 산기슭에 카필라밧투[1]라는 작은 왕국이 있었다. 여기는, 정의롭고 강대한 숫도다나 왕이 석가족을 통치했다. 그의 수도는 즐거운 곳으로 광장과 시장에는 멋진 모습과 번쩍이는 눈을 가진 즐거운 사람들로 붐비었다. 젊은 여성들은 반짝이는 보석을 걸치고 거리를 우아하게 걸었다.

---

1) 카필라밧투(Kapilavatthu): 히말라야 산맥 남쪽의 현 네팔과 인도 국경 지대에 위치했고 고대 인도 석가족(釋迦族)의 수도였다. 산스크리어트로는 카필라바스투(Kapilavastu)라고 불린다.

All kinds of people travelled along the roads — noblemen[1] in chariots[2], merchants[3] on elephants and peasants[4] on foot[5]. Children played in the gleaming river and holy men and villagers bathed along its shores.

The city was decorated with large gardens filled with[6] beautiful flowers, peacocks and cool ponds. Brave warriors on horseback guarded the kingdom.

(2) The dream of Queen Maya

The king had a beautiful wife named Maya, who was kind and loved by everyone. The king and queen were very happy, except for[7] one thing. They did not have any children. On a full-moon night, Queen Maya dreamed of a big white elephant with six tusks. The wise men predicted, "You will give birth to a wonderful child." Everyone in the kingdom celebrated when they heard that a child was to be born to their queen.

---

1) nobleman [noʊblmən]: 귀족, 왕족. 4계급 중 두 번째 계급인 크샤트리아를 일컫는다.
2) chariot [tʃæriət]: 마차.
3) merchant [mɜːrtʃənt]: 상인.
4) peasant [peznt]: 농민.
5) on foot: 걸어서.
6) be filled with: ~로 가득차다.
7) except for: ~을 제외하고.

온갖 종류의 사람들이 길을 따라 여행했다. 귀족은 마차를 타고 상인은 코끼리를 타고 농부들은 걸었다. 아이들은 반짝이는 강에서 놀았고 성자들과 마을 사람들은 그 강 언덕을 따라 목욕했다.

도시는 아름다운 꽃, 공작새, 시원한 연못으로 가득한 넓은 정원으로 장식되었다. 말을 탄 용감한 전사[1]들이 왕국을 지켰다.

(2) 마야왕비의 꿈

왕에게는 마야라는 아름다운 왕비가 있었는데 그녀는 모든 사람에게 친절하였고 모든 사람으로부터 사랑받았다. 왕과 왕비는 한 가지를 제외하고는 매우 행복했다. 그들은 자녀가 없었다. 보름날 밤, 마야 왕비는 6개의 상아를 가진 커다란 흰 코끼리[2] 꿈을 꿨다. 현자들은 "당신은 멋진 아이를 낳을 것입니다"라고 예언했다. 왕국의 모든 사람들은 아이가 왕비에게 태어날 것이라는 소식을 듣고 축하했다.

---

1) 전사들은 붓다 당시 4계급 중 크샤트리아 계급을 가리킨다.
2) 하얀 코끼리: 백상(白象, white elephant). 코끼리는 인도 신화에서 비를 담당하는 신으로 풍요로운 농사를 가능하게 한다. 많은 사람들에게 풍요를 가져다주며 행복을 가져다 준다.

(3) The birth in Lumbini Park

Queen Maya returned to her parents' home to give birth as that was the custom in India. The king had the roads[1] along the way cleaned and decorated with flowers and bright silk banners fluttering[2] in the warm breeze from the hills.

When the royal party came to Lumbini Park, the queen said, "We shall stop and rest for the night in this grove of beautiful trees." It was the month of May. The flowers in the park were in full bloom, scenting[3] the air with a sweet smell. Birds chirped[4] their lovely songs and butterflies darted[5] along the path where the queen and her attendants walked. The daylight began to fade and a silvery full moon rose[6] above the treetops[7]. Queen Maya stopped under a Asoka tree. She reached up to a branch[8] to pluck[9] a flower. As she did, a shining baby boy was born from her.

---

1) road: 마차나 자동차가 다니는 길이다.
2) flutter [flʌ́tər]: 퍼덕거리다, 날개치며 날다; (나비 따위가) 훨훨 날다; (깃발 따위가) 펄럭이다.
3) scent [sent]: 향기가 나다. 여기서는 타동사로 향기를 채우다.
4) chirp [tʃɜːrp]: 짹짹[찍찍]거리다.
5) dart [dɑːrt]: 쏜살같이 달리다. 재빨리 움직이다.
6) rose: rise(일어나다, 솟아오르다)의 과거.
7) trée·tòp: 나무의 꼭대기.
8) branch [bræntʃ]: 나뭇가지.
9) pluck [plʌk]: (과일, 꽃 등을) 따다[꺾다].

(3) 룸비니[1] 동산에서의 탄생

　　마야 왕비는 인도의 관습에 따라 출산을 위해 부모님의 집으로 돌아갔다. 왕은 길을 따라 도로를 청소하게 하고, 꽃과 언덕에서 불어오는 따뜻한 산들바람에 펄럭이는 밝은 비단 깃발로 장식하게 했다.

　　왕실 일행들이 룸비니 동산에 도착했을 때, 왕비는 말했다. "우리는 이 아름다운 나무 숲에서 멈춰서 하룻밤 쉬어야 하겠다." 5월이었다.[2] 공원에는 꽃이 만발하여 달콤한 향기로 공기를 채우고 있었다. 새들은 사랑스러운 노래를 불렀고 나비들은 왕비와 왕비의 수행자들이 걸어가는 길을 따라 재빨리 날아다녔다. 햇빛이 희미해지기 시작했고 은빛 보름달이 나무 꼭대기 위로 떠올랐다. 마야 왕비는 아소카 나무[3] 아래에서 멈췄다. 그녀는 꽃을 따기 위해 나무가지에 손을 뻗었다. 그녀가 그렇게 할 때, 빛나는 아기가 그녀에게서 태어났다.

---

1) 룸비니(Lumbini)는 현재 네팔에 속하며 Rummindei로 불리어지고 있다. 현재 이곳에 아소카 왕의 석주가 세워져 있다. 석주에 이곳이 붓다의 탄생지임을 밝히고 있다: "Here was born the Buddha, the sage of the Sakyans."
2) 동남아시아에선 5월에 부처님 탄생일, 성도일, 첫설법한 날, 입멸일을 같은 날 함께 기념한다.
3) 아소가 나무는 무우수(無憂樹)라고 한역된다.

His body shone[1] with a dazzling[2] light and he was perfect in every way. A soft rain fell and the night air was filled with heavenly music. Showers of perfumed petals rained down. Everyone was delighted at the birth. The deer and other animals in the park, sensing something special, came and looked in wonder at the prince.

To everyone's amazement, the baby prince spoke a verse, "I am the highest in the world. I am the foremost in the world. This is my last birth." Then he smiled and took seven steps in each of the four directions. Lotuses[3] sprang[4] open under his feet as he walked. Afterwards, the royal party returned to the palace[5]. When the king saw his son, he said, "I am filled with great joy. Let everyone in the world rejoice[6]."

---

1) shone [ʃoʊn]: shine(빛나다)의 과거, 과거분사.
2) dazzling [dǽzliŋ]: 눈부신, 휘황찬란한; 현혹적인.
3) lotus [lóutəs]: 연꽃.
4) sprang [ʃpraŋ]: spring (솟아오르다)의 과거형.
5) palace ['pæləs]: 궁전, (특히 영국의) 왕실.
6) rejoice [ridʒɔ́is]: 기뻐하다, 좋아하다, 축하하다.

그의 몸은 눈부신 빛으로 반짝였고 모든 면에서 완벽했다. 부드러운 빗방울이 떨어지고 밤공기는 천상의 음악으로 가득 차 있었다. 향기로운 꽃잎의 비가 내렸다. 모두가 아이의 출생에 기뻐했다. 공원의 사슴과 다른 동물들은 특별한 것을 느끼고 와서 왕자를 경이로움으로 쳐다보았다.

모두가 놀랍게도, 아기 왕자가 시를 읊었다. "내가 세상에서 가장 높다. 나는 세계에서 가장 앞선 사람[1]이다. 이것이 나의 마지막 출생이다."[2] 그런 다음 그는 미소를 짓고 네 방향으로 각각 일곱 걸음을 걸었다. 그가 걸을 때 발 아래에서 연꽃이 솟아 나왔다.[3] 그 후 왕실 일행들은 궁전으로 돌아갔다. 왕은 아들을 보았을 때 말했다. "나는 큰 기쁨으로 가득 차 있다. 세상의 모든 이들이 즐겁게 누리도록 하여라."

---

1) 앞선 사람은 세상 사람들보다 앞에 있는 자로서 사람들을 안내하고 가르칠 수 있는 위치에 있다.
2) 사실상 붓다의 오도송(悟道頌)이다. 한역 문헌에서는 천상천하 유아독존(天上天下 唯我獨尊)이라고 표기되어 있다.
3) 연꽃이 지면에서 솟아 피어난 것을 무명 속에서 벗어나 정각을 성취한 것을 상징한다. 일곱 걸음과 일곱 연꽃은 7각지(七覺支)를 의미한다.

(4) Asita's prediction[1]

In the distant mountains lived Asita, a wise man who could see into the future. One day he saw a bright glow all around the palace and knew that a mighty[2] prince had been born. He came down from the mountain and went to the palace. The proud[3] and happy king showed him his amazing son. "Rejoice, O King and Queen, a very special child has been born to you!" Asita said joyfully.

Then he went into deep thought. Suddenly he began to shed tears[4]. The king was troubled[5]. He asked, "Will some misfortune[6] befall the Prince ?" Asita answered, "I foresee[7] no harm to the child. He is born to bring happiness to the world. He will be a great leader among men. I shed tears of joy that he has been born in our land. Many wonderful things will happen. I shed tears of sadness because I shall soon die and not be able to honour him or learn from him. He will go forth[8] in the world and become a Buddha."

---

1) prediction [prɪˈdɪkʃn]: 예측, 예견, 예언.
2) mighty [máiti]: 강력한. 위대한, 강대한, 거대한.
3) proud [praʊd]: 자랑스러워하는, 자랑스러운 .
4) shed tears: 눈물을 흘리다.
5) troubled ['trʌbld]: 걱정하는, 불안해하는, 문제가 많은, 힘든.
6) misfortune [misfɔ́ːrtʃən]: 불운, 불행.
7) foresee [fɔːrsíː]: 예견하다, 앞일을 내다보다, 미리 알다.
8) go forth: 나아가다. 출가하다.

(4) 아시타[1]의 예언

　　멀리 떨어진 산속에는 미래를 볼 수 있는 현명한 아시타가 살았다. 어느 날 그는 궁전 둘레에 밝은 빛을 보았고 위대한 왕자가 태어났다는 것을 알았다. 그는 산에서 내려와 궁전으로 갔다. 자랑스럽고 행복한 왕은 그에게 경이로운 아들을 보여주었다. "기뻐하십시오, 왕과 왕비시여! 아주 특별한 아이가 당신들에게 태어났습니다!" 아시타는 기쁨에 차 말했다.

　　그런 다음 그는 깊은 생각에 빠졌다. 갑자기 그는 눈물을 흘리기 시작했다. 왕은 불안했다. 왕은 말했다. "왕자에게 불행이 닥칩니까?" 아시타는 대답했다. "저는 아이에게 해가 일어나지 않으리라고 예견합니다. 그는 세상에 행복을 가져다주기 위해 태어났습니다. 그는 사람들 사이에서 위대한 지도자가 될 것입니다.[2] 나는 그가 우리 땅에서 태어났다는 것에 기쁨의 눈물을 흘렸습니다. 많은 멋진 일들이 일어날 것입니다. 나는 곧 죽어 그를 존경할 수도, 그에게서 배울 수도 없기 때문에 슬픔의 눈물을 흘렸습니다. 그는 세상에 나아가 붓다가 될 것입니다."

---

1)　아시타(Asita)는 여러 개의 별명으로 알려져 있으며 그의 이름은 그의 어두운 피부색 때문이다. 그는 Kanha Devala, Kanha Siri 또는 Kāla Devala로 알려졌다.
2)　왕자는 32상 80종호를 갖추고 있으므로 세속에 남으면 전륜성왕이 될 것이고, 출가하면 붓다가 될 것이라고 예언되었다.

The holy man said no more, and he went back to his cave in the snow-capped mountains. The king and the queen were very upset[1] when they heard this. The baby was given the name Siddhartha, which means "a wish fulfilled", and his family name was Gautama.

2) The four sights[2]

At the age of sixteen, Prince Siddhartha married a beautiful young princess called Yasodhara. She loved and cared for him. He continued to live a princely life for nearly thirteen years after his marriage. He was protected from all the problems of life outside the palace gates. He had all the comforts[3] that a prince of his day could desire. They lived in a world where there was nothing but[4] happiness and laughter.

One day, however, he wished to discover the world outside his palace. When the king knew about this, he gave an order to the people in the city.

---

1) upset [ʌpsét]: 속상한, 당황케 하다; 걱정시키다; 엉망으로 만들다. e.g.) Don't upset yourself bout it. (그것에 관해 걱정하지 마라).
2) The four sights: 사문유관(四門遊觀, four trips outside the palace).
3) comfort [kʌ́mfərt]: 생활을 편케 하는 것, 위안이 되는 것[사람], 위문품, 즐거움, 안락.
4) nothing but: 오로지, 단지.

성자는 더 이상 말하지 않고 눈 덮인 산[1] 속의 동굴로 되돌아갔다. 왕과 왕비는 이 말을 듣고 매우 동요되었다. 아이에게 '소원이 이루어진다'는 의미의 싯다르타라는 이름이 지어졌고, 그의 성은 고타마였다.

2) 4가지 광경[2]

16세에 싯다르타 왕자는 야소다라라는 아름다운 젊은 공주와 결혼했다. 그녀는 그를 사랑하고 돌보았다. 왕자는 결혼 후 거의 13년[3] 동안 계속해서 왕자의 삶을 살았다. 그는 궁전 문밖의 모든 삶의 문제로부터 보호받았다. 싯다르타는 당시의 왕자가 바라는 모든 안락을 가졌다. 그들은 오로지 행복과 웃음만이 있는 세상에서 살았다.

그러나 어느 날 그는 자신의 궁전 밖의 세계를 알고 싶었다. 왕은 이 사실을 알고 시내에 있는 사람들에게 명령을 내렸다.

---

1) 눈 덮인 산은 히말라야(Himalaya) 산을 의미한다. 히마(Hima)는 눈을 의미하고 알라야(alaya)는 쌓이는 것을 의미하므로 히말라야는 '눈이 쌓여 있는 산'이라는 의미이다.
2) 4가지 관경은 사문유관(四門遊觀)을 가리킨다.
3) 16세에 결혼하고 29세에 출가하였으므로 13년간 결혼생활을 한 것으로 계산한 것이다.

"Have the houses along the road to the city cleaned and decorated. Make the roads sweet with incense[1] and have the people dressed in colourful clothing. Make certain that all the beggars, the old and the sick[2] stay indoors until the prince has left."

(1) Old age

The prince's faithful[3] charioteer[4], Channa, drove him out[5] through the East Gate. When the faithful crowds saw their beloved prince, they threw flowers on the road and bowed[6] in admiration[7]. Siddhartha was delighted to see them so happy.

At that moment, an old man appeared at the side of the road. The prince was shocked to see an old man. He asked his charioteer, "What kind of person is this with white hair and bent[8] back? His eyes are dim[9], his body wobbles[10].

---

1) incense: (특히 종교 의식에 쓰이는) 향.
2) the old and the sick: old people and sick people.
3) faithful ['feɪθfl]: 충실한, 충직한, 신의 있는 (royal) e.g.) a faithful dog (충직한 개).
4) charioteer[tʃærituɪr]: 마부; 마차를 모는 사람 (a driver of a chariot).
5) drive out:. 운전해서 나오다, cf. walk out: 걸어서 나오다.
6) bow [báu]: (인사·복종·예배 등으로) 머리를 숙이다, 허리를 굽히다, 절하다.
7) admiration [ædmə'reɪʃn]: 감탄, 존경. e.g.) They have great admiration for her as a writer. (그들은 작가로서의 그녀를 크게 존경한다).
8) bent [bent]: 등[허리]이 굽은, a small bent old woman. (등이 굽은 작은 노인).
9) dim [dɪm]: (눈이) 침침한; His eyesight is getting dim. (그의 시야가 점점 침침해지고 있다).
10) wobble ['wɑːbl]: (불안정하게) 흔들리다[떨리다]; 흔들다, 떨다, (불안하게) 뒤뚱거리며 가다.

"시내로 가는 길에 있는 집들을 청소하고 장식하도록 하라. 향으로 길을 향기롭게 만들고 사람들에게 다채로운 옷을 입혀라. 왕자가 떠날 때까지 모든 거지, 노인과 병자가 실내에 머물도록 하라."

(1) 늙음

왕자의 충실한 마부 찬나[1]는 왕자를 말에 태워 동문으로 나갔다. 충실한 군중은 사랑하는 왕자를 보았을 때 길에 꽃을 던지고 감탄하며 절했다. 싯다르타는 그들이 매우 행복해 하는 것을 보고 기뻐했다.

바로 그 순간 길가에 한 노인이 나타났다. 왕자는 노인을 보고 놀랐다. 그는 마부에게 물었다. "백발에 등이 굽은 사람은 어떤 사람인가? 그의 눈은 흐릿하고 그의 몸은 떨린다.

---

1) 찬나(Channa)는 태자가 깨달음을 성취하여 부처님이 되시고 나서 부처님에 의해 비구가 되었다. 그는 비구가 된 뒤 부처님과 개인적으로 가까웠던 것을 빙자하여 매우 거만하게 굴며 거드름을 피웠다.

He leans on a cane[1] and walks feebly[2]. Has his body changed or has he always been like this? Tell me, Channa." Channa dared[3] not answer truthfully, "This has nothing to do with[4] you. Please don't trouble yourself about it."

The prince kept questioning Channa. "Is he the only one to whom this has happened? Or are we all to become like this?" Then Channa spoke the truth, "It is so, my Lord[5]. Once he was young and strong with black hair and fine teeth. As time goes by[6], our bodies will age too. It happens to everybody."

Hearing these words, the prince shivered[7]. His hair stood on end[8]. He trembled with fear, as does a shocked animal fleeing from a bolt of lightning[9].

---

1) cane [keɪn]: 지팡이 (walking stick).

2) feebly [fíːbli]: 약하게, 힘없이, 희미하게.

3) dare [der]: …할 용기가 있다, 감히 …하다, …할 엄두를 내다.

4) has nothing to do with ~: ~와 관련이 없다.

5) lord [lɔːrd]: (영국에서 남자) 귀족, 군주, 주인.

6) as time goes by: 세월이 흐르면, 세월이 지나면.

7) shiver [ʃívər]: (추위, 두려움, 분 등으로 가볍게 몸을) 떨다. 후들후들 떨다(tremble) e.g.) I shivered with cold (나는 추위로 덜덜 떨었다). cf. saṃvega: 충격으로 인해 무상[생사]을 절실히 자각하고 해결방안을 고민하는 것이 포함된 감정으로 초기경전에 보면 수행자들이 saṃvega를 느끼면서 출가하게 된다.

8) one's hair stands on end: 머리카락이 쭈뼛쭈뼛 서다, (공포 등으로) 머리카락이 쭈뼛 서다.

9) a bolt of lightning: 번개 e.g.) After a bolt of lightning you can hear the thunder. (번개가 친 후 천둥 소리를 들을 수 있다).

그는 지팡이에 기대어 힘겹게 걷는다. 그의 몸이 변했는가, 아니면 항상 이랬던 것인가? 말해보아라, 찬나!" 찬나는 감히 솔직하게 대답하지 못했다. "이것은 왕자님과 아무런 상관이 없습니다. 제발 그것에 대해 걱정하지 마십시오."

왕자는 찬나에게 계속 물었다. "이 일이 일어난 사람은 그 사람뿐인가? 아니면 우리 모두가 이렇게 될 것인가?" 그러자 찬나는 사실대로 말했다. "그렇습니다. 주인이시여! 일찍이 그는 검은 머리카락과 건강한 이를 가진 젊고 건장한 사람이었습니다. 세월이 지나면 우리 몸도 늙어갑니다. 모든 사람에게 일어나는 일입니다."

이 말을 들은 왕자는 몸을 떨었다. 그의 머리카락이 쭈뼛쭈뼛 섰다. 번개를 피해 도망치는 충격받은 동물처럼 그는 두려움에 떨었다.

He shook his head, thinking "How can people find delight in the pleasures of the world when old age brings it all to ruin[1]?"

The prince told the charioteer, "Quickly turn the chariot around and go back. Knowing that old age will call for[2] me, how can I enjoy these gardens and groves[3]?" Obeying[4] his command, Channa drove as fast as the wind and quickly returned to the palace.

(2) Sickness

Siddhartha could not forget the sight of the old man. He thought about him day and night[5] and could find no peace in his heart. He spoke his thoughts only to Yasodhara, "When I saw the old man, all the wonderful things of the city seemed to fade away. The beauty and laughter in the palace is no longer real to me. I want to visit the city again to see life as it really is[6], to see how the common people go about[7] their daily lives."

---

1) ruin ['ruːɪn]: 붕괴, 몰락.
2) call for: ~를 데리러 가다[오다]. e.g.) I'll call for you at 7 o'clock. (내가 7시에 데리러 올게).
3) grove [groʊv]: (작은) 숲, 수풀.
4) obey [əˈbeɪ]: 시키는 대로 하다, (명령·법 등을) 따르다[지키다], 순종[복종]하다 (↔disobey).
5) day and night: 밤낮으로.
6) as it really is: 있는 그대로. 여기서 it는 life를 대신한다. e.g.) Please love me as I am. (나를 있는 그대로 사랑해 주세요).
7) go about: 영위하다(manage, arrange).

그는 고개를 저었다, "늙으면 모든 것이 파괴되는데 어떻게 사람들이 세상의 쾌락에서 즐거움을 찾을 수 있는가?"

왕자가 마부에게 말했다. "빨리 마차를 돌려 돌아가자. 늙음이 나에게 올 것을 알고서 내가 어떻게 이 정원과 숲을 즐길 수 있다는 말인가?" 찬나는 그의 명령에 따라 바람처럼 빠르게 달려 궁으로 돌아갔다.

(2) 질병

싯다르타는 노인을 본 광경을 잊을 수 없었다. 그는 노인에 대해 밤낮으로 생각했다. 그리고 그의 마음에서 평화를 찾을 수 없었다. 그는 자신의 생각을 오직 야소다라[1])에게 말했다. "내가 노인을 보았을 때 도시의 모든 아름다운 것들이 사라지는 것처럼 보였다. 궁전 속의 아름다움과 웃음은 더 이상 나에게 현실이 아니다. 있는 그대로의 삶을 보기 위해, 어떻게 서민들이 그들의 일상생활을 영위하는지 보기 위해, 나는 도시를 다시 방문하고 싶다."

---

1) 야소다라(Yasodhara): 야소다라의 부모는 콜리야국(Koliya)의 왕 숩파붓다(Suppabuddha)와 왕비 파미타(Pamita)이다. 둘 사이에 공주는 유일한 딸이었다. 고타마 싯닷타와 동갑이었다.

The king could not bear[1] to see his son unhappy so he gave his consent[2] for another visit. Siddhartha and Channa disguised[3] themselves as noblemen[4] and drove out through the South Gate into the city. For the first time[5], the prince saw how people lived in his kingdom.

He walked happily among the blacksmiths[6] and potters[7] at their work. He talked to the rich merchants in their splendid[8] shops and to the bakers selling bread. Suddenly, the prince saw a sick man who was lying on the ground, moaning[9] and grabbing his stomach. The prince ran to him and rested the sick man's head on his lap[10]. "Channa, what's wrong with this man?

"Lord, do not touch this man! He is sick with the plague[11]. Put him down or[12] you will catch it yourself[13]."

---

1) bear [bɛər]: 지탱하다, 버티다, 참다, 견디다 (stand).
2) consent [kən'sent]: (특히 권위 있는 사람에 의한) 동의, 허락, 합의.
3) disguise [dɪs'gaɪz]: 변장[가장]하다, 위장하다, 숨기다 (conceal).
4) nobelman[nóubəlmən]: 크샤트리아 계급, 왕족, 귀족.
5) for the first time: 처음으로.
6) blacksmith [blǽksmɪθ]: 대장장이.
7) potter [pɑ:tər]: 도공(陶工), 옹기장이, 도예가(陶藝家).
8) splendid [splendɪd]: 정말 좋은[멋진], 훌륭한 (great).
9) moan [moʊn]: 신음하다 (groan).
10) lap [læp]: 무릎, 자리에 앉았을 때 양 다리 위의 넙적한 부분.
11) plague [pleɪg]: 전염병 (epidemic).
12) 명령문+or: ~해라 그렇지 않으면 ~할 것이다. e.g.) Study hard or you will not pass. (열심히 공부해 그렇지 아니하면 떨어질 것이야).
13) catch it yourself: it는 plague를 의미한다. 병을 스스로 잡다, 병에 걸리다.

왕은 그의 아들이 불행해 하는 것을 차마 볼 수 없었다. 그래서 그는 또 하나의 방문을 허락했다. 싯다르타와 찬나는 그들 스스로를 귀족으로 변장했다. 그리고 남문을 거쳐 도시 안으로 들어갔다. 처음으로, 왕자는 사람들이 어떻게 그의 왕국에서 사는지 보았다.

왕자는 일하고 있는 대장장이들과 도공들 사이를 행복하게 걸었다. 멋진 가게에 있는 부유한 상인들과 빵을 파는 제빵사들에게 말을 건넸다. 갑자기, 왕자는 땅바닥 위에 누워 신음하며 배를 움켜쥐고 있는 병자를 보았다. 왕자는 그에게 달려갔다. 그리고 그 사람의 머리를 그의 무릎에 눕혀 휴식을 취하게 하였다. "찬나, 이 사람에게 무슨 문제가 있는 것인가?"

"왕자님! 이 사람을 건들지 마십시요! 그는 전염병에 걸려 아픈 사람입니다. 그를 내려놓으십시요. 그렇지 않으면, 왕자님도 전염병에 걸릴 것입니다."

"Is this the only man that is sick? Are others sick like this, Channa? Will my wife and father also fall ill?"

"Yes, my Lord. This is how[1] things are in the world," said Channa. "Everyone in the world gets sick sometimes. It can happen anytime."

Hearing this, the prince felt great pity[2] in his heart, "The thief of sickness can come at any time. Yet everyone seems so happy and delighted." Then he got into the chariot[3] and had Channa turn around to go home.

(3) Death

Siddhartha returned to the palace with a heavy feeling of despair[4] in his heart. When the king saw his son in such misery[5], he sent him to visit a park outside the West Gate. This time Siddhartha saw a dead body. Since Siddhartha had never seen a dead person, he asked Channa, "What is wrong with that man?"

"O Lord, he is dead. He does not feel anything."

Siddhartha asked, "Will I, the son of the king, die like this man?"

---

1) This is how: 이런 식으로 e.g.) This is how I eat. (이런 식으로 나는 먹어).
2) pity ['pɪti]: 연민, 동정(심), 불쌍히[측은히] 여김.
3) chariot ['tʃæriət]: (고대의 전투나 경주용) 마차[전차].
4) feeling of despair: 절망감.
5) misery [mɪzəri]: (정신적·육체적으로 심한) 고통 (distress).

"이 사람만이 유일하게 아픈 것인가? 다른 사람들도 이렇게 아플 수 있는 것인가, 찬나야? 나의 아내와 아버지도 병에 걸릴 수 있는 것인가?"

찬나가 말했다. "그렇습니다. 주인이시여, 세상의 일들은 이런 식으로 존재합니다. 세상 모든 사람이 가끔 병에 걸립니다. 그것은 언제든 일어날 수 있습니다."

이 이야기를 듣고, 왕자는 그의 마음속에서 큰 자비심을 느꼈다. "병의 도둑[1]은 언제든 올 수 있다. 그럼에도 모두는 정말 행복하고 기뻐하는 것처럼 보인다." 그러고 나서 그는 마차로 들어갔다. 그리고 찬나에게 궁전으로 돌아가게 했다.

(3) 죽음

마음에 무거운 절망감을 안은 채로 싯다르타는 궁전으로 돌아갔다. 왕은 그의 아들이 그런 고통에 빠져있는 것을 보았을 때, 왕자를 서문 밖의 공원을 방문하도록 보냈다. 이번에 싯다르타는 시체를 보았다. 싯다르타는 죽은 사람을 본적이 없었기 때문에, 그는 찬나에게 물었다. "이 사람에게 무슨 문제가 있는 것인가?"

"주인이시여, 그는 죽었습니다. 그는 아무것도 느낄 수 없습니다."

싯다르타가 물었다. "왕의 아들인 나도 이 사람처럼 죽게 되는 것인가?"

---

1) 병의 도둑은 몰래 갑자기 찾아오는 도둑의 특성을 병에 비유함.

"Yes, every living thing must die[1]. No one can avoid death."

Siddhartha was shocked[2]. He sighed, "People all know that they will die, yet they go through life as if nothing will ever happen to them."

He ordered the charioteer to turn back home. "This is no time for a pleasure ride. Life can end at any time. How can I just think of enjoying myself ?" At the palace, Siddhartha mulled over[3] what he had seen[4]. "It is frightening[5] to know that everyone will die one day and no one can avoid it."

(4) The holy[6] man

Siddhartha now knew how the people outside the palace lived. Beggars lined the streets, begging for food. Hungry children dressed in rags[7] roamed[8] the streets.

---

1) Every living beings must die: 생자필멸(生者必滅).
2) shocked: 충격 받은. 팔리어 saṃvega(상베가)에는 무상에 대한 철저한 자각과 전율, 그리고 해결 방안의 모색이 들어있다.
3) mull something over: ~에 대해 숙고하다 (consider), 곰곰이 생각하다.
4) what he had seen: 그가 목격한 것 즉, 시신(屍身, a dead body)을 의미한다.
5) frightening [fraɪtnɪŋ]: 무서운, 섬뜩한, 두려운.
6) holy [hóuli]: 신성한, 정결한, cf a holy man: 성자.
7) rag [ræg]: (특히 걸레 행주 등으로 쓰는) 해진 천, 누더기.
8) roam [roʊm]: (이리저리) 돌아다니다, 배회[방랑]하다. (wander).

"그렇습니다. 살아있는 모든 것들은 반드시 죽습니다. 그 누구도 죽음을 피할 수는 없습니다."

싯다르타는 충격을 받았다. 그리고 한숨을 쉬며 생각하였다. "사람들은 모두 자신들이 죽을 것이라는 것을 알지만, 그들은 마치 아무 일도 자신들에게 일어나지 않을 것처럼 삶을 살아간다."

그는 마부에게 궁으로 돌아갈 것을 명령했다. "마차 놀이를 할 시간이 없다. 생명은 언제든 끝날 수 있다. 어떻게 단지 나 자신을 즐기는 생각만을 내가 할 수 있겠는가?" 궁전에서, 싯다르타는 그가 본 것에 대하여 곰곰이 생각했다. "모두가 언젠가는 죽고 누구도 그것을 피할 수 없다는 것을 아는 것은 섬뜩한 일이다."

(4) 성자(聖者)

싯다르타는 이제 궁밖에 있는 사람들이 어떻게 사는지를 알게 되었다. 거지들은 음식을 구걸하며 길거리에 줄지어 다닌다. 누더기를 입은 굶주린 아이들은 거리를 배회한다.

The old, sick and poor people waited for a lonely death[1]. At the same time[2], the rich lived in fine houses without caring about[3] how the poor lived. Siddhartha asked himself, "What hope is there for these people[4]? Even the rich will suffer from old age, sickness and death. Everyone born into this world will suffer. Their suffering begins right at birth. I must find a way to help them."

On their last visit outside the palace, the prince and Channa rode their horses out through the North Gate. They passed by a holy man in ragged[5] robes. Seeing how quiet and peaceful he was, the prince asked, "Who is that?"

Channa explained to him, "He is a wandering[6] holy man. He has left his home and left behind fame[7] and riches. He leads a simple life and is at peace with himself[8]. He hopes to find the truth and overcome the suffering that troubles the world."

---

1) a lonely death: 죽을 때 혼자 죽음, 고독사.
2) at the same time: 동시에.
3) care about: 돌보다.~에 마음을 쓰다, 관심을 가지다.
4) these people: the rich and the poor (부자와 가난한 자).
5) ragged ['rægɪd]: 누더기가 된, 다 해진.
6) wandering [wándəriŋ]: (정처 없이) 돌아다니는, 방랑하는, 헤매는.
7) fame [feɪm]: 명성 (→famous).
8) at peace with himself: 자기자신과 평화로운.

늙고, 병들고, 가난한 사람들은 외로운 죽음만을 기다린다. 동시에, 부유한 사람들은 가난한 자들이 어떻게 사는 지에 관심 두지 않고 멋진 집에서 살아간다. 싯다르타는 스스로에게 물었다. "무슨 희망이 이 사람들에게 있겠는가?" 심지어 부유한 자들도 늙음과, 질병과 죽음로부터의 고통에 시달릴 것이다. 이 세상에 태어난 모든 사람들은 고통에 시달릴 것이다. 고통은 태어난 순간부터 시작된다. 나는 반드시 그들을 도울 길을 찾아야 한다."

궁전 밖 마지막 방문에서, 왕자와 찬나는 말을 타고 북문을 거쳐 나왔다. 그들은 누더기가 된 가사를 입고 있는 성자를 지나쳤다. 너무나 고요하고 평화로운[1] 그를 보며, 왕자는 물었다. "저 사람은 누구인가?"

찬나가 그에게 설명했다. "그는 유행하는 성자입니다. 그는 출가하였고, 명성과 부를 뒤로한 채 떠났습니다. 그는 소박한 삶을 이끌고, 그 스스로 평화로움 속에 있습니다.[2] 그는 진리를 찾, 세상을 괴롭히는 고통을 극복하기를 희망합니다."

---

1) 고요하고 평화로움은 성인의 (holy man)의 특징이다. 참고로 Sakyamuni의 muni는 침묵(silent)을 의미한다. 즉 석가족의 침묵을 지키는 자, 즉 성자를 일컫는 말이다.
2) 일반인들의 마음은 전쟁터(battle field)와 같은 반면, 성인은 평화를 유지함.

Siddhartha smiled. "I shall become like him." Suddenly, a messenger from the palace caught up with[1] them and shouted, "A son has been born to the prince!" Siddhartha was happy about his son, but now it would be harder for him to fulfill[2] his wish to become a wandering holy man. He named his son Rahula.

3) Renunciation[3] and Hardship

(1) Leaving the palace

The king said to Siddhartha, "I am growing old and am no longer able to rule the kingdom alone. It is time for you to rule." Siddhartha said, "I shall gladly do so if you can promise me three things — that I would never become old, that I would never get sick, and that I would never die. If you cannot fulfill these wishes, then let me go." The king knew that he could not make such promises. Still he could not bear to part with[4] his son. "Guard the gates day and night so the prince cannot escape," he ordered the guards.

---

1) catch up with: 따라 잡다.
2) fulfill [fulfil]: 명령·조건·계획·약속 등을 실행하다, 달성하다, 이행하다.
3) renunciation [rinʌnsiéiʃən]: 포기, 폐기, 기권. 불교에선 출가의 영역으로 자주 사용됨. renunciation 대신에 departure 라는 용어도 쓰임.
4) part with …을 내주다, …손을 떼다, 헤어지다, 결별하다.

싯다르타는 미소를 지었다. "나는 그처럼 될 것이다." 갑자기 왕궁에서 온 전령사가 그들을 따라잡고 소리쳤다. "왕자에게 아들이 태어났습니다!" 싯다르타는 그의 아들에 대해 기뻐했다. 그러나 이제 그에게 유행하는 성자가 되겠다는 소망을 성취하는 것은 더 어려워질 것이다. 그는 자신의 아들을 '라훌라'[1]라고 이름 지었다.

3) 출가와 고행

(1) 궁전을 떠나기

왕은 싯다르타에게 말했다. "나는 늙어서 더 이상 혼자 왕국을 다스릴 수 없다. 네가 통치할 때이다." 싯다르타는 말했다. "세 가지를 약속해 주실 수 있다면 기꺼이 그렇게 할 것입니다. - 제가 절대 늙지 않고, 절대 병에 걸리지 않으며, 절대 죽지 않는 것입니다. 이 소원을 이루어 주실 수 없다면 저를 보내주십시오." 왕은 그런 약속을 할 수 없다는 것을 알고 있었다. 여전히 그는 아들과 헤어질 수 없었다. "왕자가 도망칠 수 없도록 밤낮으로 문을 지키거라." 그는 경비대에게 명령했다.

---

1) 라훌라(Rahula): 장애 (obstacle). 출가수행을 하는 데 방해가 되는 장애물 같은 존재.

But this did not make the prince change his mind about seeking the truth. One night, Siddhartha quietly entered the chamber[1] where Yasodhara and Rahula were sleeping. He wanted to have one last look at his wife and son. He did not wake them up for fear that Yasodhara would try to persuade him to stay. With great sadness, he left the room. His decision[2] to leave the palace did not mean that he did not love his wife and son; it meant that his love for the beings in the world was greater.

In the still[3] of night, Siddhartha and Channa quietly slipped away from the palace, riding Kanthaka. The palace guards had fallen asleep. Kanthaka jumped over the city wall, carrying Siddhartha and Channa on his back. Once out of the city, Siddhartha stopped for a last look at Kapilavatthu. The place he had spent so many happy years, now bathed in moonlight. His decision had been made.

(2) A wandering holy man

All night, they travelled south. At dawn, they came to the banks[4] of a river. Kanthaka crossed it in one leap.

---

1) chamber [tʃéimbər]: 방, 《특히》 침실, (공관 등의) 응접실.
2) decision [dɪˈsɪʒn]: 결정, 판단.
3) still [stil]: 고요, 정적, 침묵. e.g.) the still of the night (밤의 정적).
4) bank [bæŋk]: 둑, 제방, (강·늪 따위의) 가, 기슭.

그러나 이것은 왕자가 진리를 찾는 것에 대한 마음을 바꾸게 할수 없었다. 어느날 밤 싯다르타는 야소다라와 라훌라가 자고 있는 방으로 조용히 들어갔다. 그는 아내와 아들을 마지막으로 한번 보고 싶었다. 그는 야소다라가 그를 설득해 머물게 할까 봐 두려워 그들을 깨우지 않았다. 그는 큰 슬픔과 함께 방을 나갔다. 궁전을 떠나기로 한 싯다르타의 결정은 그가 그의 아내와 아들을 사랑하지 않는다는 것을 의미하지 않았다. 그것은 세상의 존재에 대한 그의 사랑이 더 크다는 것을 의미했다.

밤이 고요한 가운데 싯다르타와 찬나는 칸타카[1]를 타고 궁전에서 조용히 빠져나갔다. 궁전 경비대가 잠들어 있었다. 칸타카는 싯다르타와 찬나를 등에 태우고 성벽을 뛰어 넘었다. 일단 도시를 벗어나서 싯다르타는 카필라밧투[2]를 마지막으로 보기 위해 멈췄다. 그렇게 많은 행복한 세월을 보냈던 도시는 이제 달빛에 잠겨 있었다. 그의 결정은 내려졌다.

(2) 유행하는 성자

밤새도록 그들은 남쪽으로 이동하였다. 새벽에 그들은 강둑에 다다랐다. 칸타카는 한걸음에 강을 건너갔다.

---

1) 칸타카는 싯다르타가 출가 전 즐겨 타던 애마인데, 출가하자 상심하여 죽었다고 한다.
2) 카필라밧투는 히말라야 산맥의 남쪽 현재 네팔에 위치하고 있으며 인도와 국경을 이루고 있다.

Once across, Siddhartha said, "We're safe here. Let us stop and rest." Siddhartha took his sword and cut off[1] his princely[2] locks[3]. Then he exchanged[4] his royal clothes for the garment of a hunter who was passing by[5]. He handed his hair and royal ornaments to Channa saying, "Return to the palace with Kanthaka and give these to the king. Tell him that what I am doing is for the benefit of[6] all beings."

Siddhartha was twenty-nine years old. From then on he was known as the sage, Gautama. When the king heard the news of his son becoming a sage[7], he said to his guards, "Go and bring the prince back." Gautama had been wandering from one place to another, so it took the guards a while[8] to find him. When they saw him, they begged, "Please return to the palace." Gautama refused. "Only after I have realized the truth and found the way to help end suffering of the world shall I return."

---

1) cut off: 자르다, 잘라내다. 중단하다, 잘라서 떼어내다, 연락을 끊거나 공급하던 것을 중단하다. e.g.) It is important to cut off dead branches. (죽은 가지들을 잘라내는 것이 중요하다).

2) princely ['prɪnsli]: 왕자의, 왕자 같은.

3) lock[lɔk]:(머리의) 타래, 타래진 머리털; (양털 등의) 타래. 전승에 의하면 이때 잘린 머리카락은 천상에 보관되었다.

4) exchange A for B: A를 B와 교환하다.

5) pass by : 지나가다.

6) for the benefit of: 의 이익을 위해서.

7) sage [seɪdʒ]: 현자.

8) while [hwaɪl]: 시간, 잠시. e.g.) It took him a while to calm down. (그가 진정되는데 잠시 시간이 걸렸다).

일단 건너자 싯다르타가 말했다. "여기는 안전하다. 멈추고 쉬도록 하자." 싯다르타는 칼을 빼들고 왕자의 타래를 튼 머리카락을 잘랐다. 그리고 나서 왕실의 옷을 지나가던 사냥꾼의 옷과 교환했다. 그는 찬나에게 그의 머리카락과 왕실 장신구를 건네며 말했다, "칸타카와 함께 궁으로 돌아가 이것을 왕에게 드려라. 지금 내가 하는 일은 모든 존재의 이익을 위한 것이라고 왕에게 말해다오."

싯다르타는 스물아홉 살이었다. 그때부터 그는 현자[1] 고타마라고 알려지게 되었다. 왕은 아들이 성자가 되었다는 소식을 듣고, 그의 경비대에 말했다. "가서 왕자를 데려오너라." 고타마는 이곳 저곳을 떠돌아다녔기 때문에 경비대는 그를 찾는데 시간이 좀 걸렸다. 그들은 왕자를 보자 궁전으로 돌아가 달라고 애원했다. 고타마는 거절했다. "진리를 깨닫고 세상의 고통을 끝내는 데 도움이 되는 길을 찾은 후에야 비로소 돌아갈 수 있을 것이다."

---

1) 현자는 역사적인 맥락상 사문을 일컫는다. 사문은 바라문과 경쟁하고 대항하고 있었다.

Five of the men remained with him.

(3) Searching for[1] teachers

Gautama wandered[2] along the Ganges River looking for[3] spiritual[4] teachers. Alara Kalama and Uddaka were considered to[5] be the best teachers in meditation[6] at that time so Gautama went to study with them.

First he studied under Alara Kalama, then under Uddaka. Very soon he had learnt[7] all they had to teach, but he had not learnt to end suffering[8]. He said to himself, "I must find the truth on my own[9]."

(4) Six years of hardship

With his five companions[10], Gautama went to a forest near the village of Uruvela.

---

1) search for: 찾다, 수색하다.
2) wander [wɑ:ndə(r)]: (이리저리 천천히) 거닐다, 돌아다니다. 유행(遊行)하다.
3) look for: 찾다.
4) spiritual ['spɪrɪtʃuəl]: 정신의, 정신적인 (↔material), 종교의, 종교적인.
5) be considered to: ~로 여겨지다, 고려되다. 존경받다.
6) meditation [ˌmedɪ'teɪʃn]: 명상, 묵상 .
7) learnt [lɜ́:rnt]: learn(배우다)의 과거·과거분사.
8) suffering ['sʌfərɪŋ]: (육체적·정신적) 고통, 괴로움.
9) on one's own: 혼자서, 단독으로(alone), 자력으로, 자기 책임 아래.
10) companion [kəm'pæniən]: 동반자, 동료, 벗.

그 중 다섯 명[1]이 그와 함께 남았다.

(3) 스승을 찾아서

고타마는 영적인 스승들을 찾아 갠지스강을 따라 유행(遊行)했다. 알라라 칼라마와 웃다카는 그 당시 명상에 있어서 최고의 스승으로 여겨져 고타마는 그들에게 가서 함께 공부하였다.

처음에는 알라라 칼라마[2] 밑에서, 다음에는 웃다카[3] 밑에서 공부했다. 곧 그는 그들이 가르쳐야 할 모든 것을 배웠지만, 고통을 끝내는 것을 배우지는 못했다. 그는 스스로에게 말했다. "나는 반드시 나 스스로 진실을 찾아야 한다."

(4) 6년간의 고행

다섯 명의 동료들과 함께, 고타마는 우루벨라의 마을 근처에 있는 숲으로 갔다.

---

1) 5명의 이름은 다음과 같다: Kondanna, Bhaddiya, Vappa, Mahanama, Assaji.
2) 알라라 칼라마로부터 무소유처정(無所有處定)을 배웠다.
3) 웃다카로부터 비상비비상처정(非想非非想處定)을 배웠다.

Here, several holy men were living in extreme[1] poverty[2] and tormenting[3] themselves with severe[4] exercises[5]. They believed that if they put their bodies through torment they would understand the truth.

Some slept on beds of nails[6]. Some stood on their heads. They all ate so little that[7] they were just skin and bones. Gautama found a quiet spot on the banks[8] of a nearby river[9]. There he practised the most severe hardship. He slept on a bed of thorns[10].

He ate only one grain[11] of wheat[12] and one sesame[13] seed a day[14]. At times, he would eat nothing at all.

---

1) extreme [ɪk'stri:m]: 극도의, 극심한, 지나친, 심각한.
2) poverty [pɑ:vərti]: 가난, 빈곤(↔wealth), poor의 명사형.
3) torment [tɔ:rment]: 괴롭히다, 고통을 가하다 ; 고통, 고뇌; 고통을 안겨 주는 사람[것].
4) severe [sɪvɪr]: 극심한, 심각한, (처벌이) 가혹한[혹독한] (harsh).
5) exercise: 여기서 운동이라기 보다는 종교적 수행을 의미한다.
6) nail [neɪl]: 못 (screw), 손톱, 발톱 (→fingernail).
7) so ~ that : 너무 ~해서 ~하다. cf. so little that: 너무나 적어서 ~하다.
8) bank [bæŋk]: 둑, 제방, 언덕.
9) a nearby river: 근처 강 즉 네란자라강을 가리킨다.
10) thorn [θɔ:rn]: (식물의) 가시.
11) grain [greɪn]: 곡물, (곡식의) 낟알.
12) wheat [wi:t]: 밀.
13) sesame [sésəmi]: 참깨(참깻과의 식물).
14) a day : per day (하루에).

여기서는 몇몇 성인들이 극심한 궁핍 속에서 살며 격심한 수행으로 그들 자신에게 고통을 안겨주고 있었다. 그들은 자신의 몸을 고통스럽게 하면 진리를 이해하게 될 것이라고 믿었다.

어떤 사람들은 못이 박힌 침대 위에서 잠잤다. 어떤 사람은 물구나무를 섰다. 그들은 모두 너무 적게 먹어서 피부와 뼈밖에 남지 않았다. 고타마는 근처 강언덕 위에 조용한 장소를 발견했다. 거기서 그는 가장 혹독한 고행을 수행했다. 그는 가시밭 침대 위에서 잤다.

왕자는 하루에 오직 밀 한 알과 참깨 씨 하나를 먹었다. 가끔 그는 아무것도 먹지 않았다.

His body wasted away[1] until there was only a layer[2] of thin skin covering his bones. Birds made nests in his matted[3] hair and layers of dust covered his dried-up body. Gautama sat completely still[4], not even brushing away insects.

4) Enlightenment[5]

(1) The song of the lute

One evening, a group of young girls on their way home passed by Gautama who was sitting in meditation. They were playing the lute, a musical instrument, and singing.

He thought, "When the string of the lute[6] is loose, its sound won't carry. When the string is too tight, it breaks. When the strings are neither too loose nor too tight, the music is beautiful. A loose string means a life of pleasure[7]. A tight string means a life of self torture[8]. I'm pulling my strings too tightly.

---

1) waste away: (특히 아파서) 쇠약해지다 (become emaciated).
2) layer ['ler]: (하나의 표면이나 여러 표면 사이를 덮고 있는) 막[층/겹/켜].
3) matted ['mæt d]: (특히 물에 젖었거나 더러워서) 엉겨[들러] 붙은.
4) still [stɪl] 조용한, 가만히 있는, 고요한, 정지한.
5) enlightenment [ɪn'laɪtnmənt]: 깨우침, 이해, 정각.
6) lute [lu:t]: 인도의 현악기 (시타르).
7) a life of pleasure : 쾌락의 삶(a life of luxury), 출가전 삼시전에서 궁녀들과 즐기던 삶.
8) torture [tɔ:rtʃə(r)]: 고문, 고행. a life of self torture: 고행의 삶.

그의 몸은 쇠약해져 가서, 오직 뼈를 덮고 있는 얇은 피부 한 층만 남게 되었다. 새들은 그의 엉겨붙은 머리에 둥지를 만들었고, 여러 층의 먼지가 그의 바싹 마른 몸을 덮었다. 고타마는 벌레조차 쓸어 쫓아내지 않은 채로 완전히 조용하게 앉아 있었다.[1]

4) 정각(正覺)

(1) 루트[2] 소리

어느 날 밤, 집으로 돌아가는 한 소녀들의 무리가 앉아서 명상을 하고 있는 고타마를 지나갔다. 그들은 악기인 루트를 연주하며 노래를 불렀다.

그는 생각했다. "루트의 줄이 느슨할 때, 그 소리는 전달되지 않는다. 줄이 너무 팽팽할 때, 그것은 끊어진다. 줄이 너무 느슨하거나 팽팽하지 않을 때 음악은 아름답다. 느슨한 줄은 쾌락적 삶을 의미한다. 조여진 줄은 고행의 삶을 의미한다. 나는 내 줄을 너무 팽팽하게 조이고 있다.

---

1) 극심한 금식 수행으로 뼈만 남아 있는 모습의 고행상이 뒷날 조성되었다. 붓다 상시 믿음에 의하면 고행은 악업을 제거할 수 있다고 믿었다. 유명한 고행상은 파키스탄 라호르 박물관에 소장되어 있다.
2) 루트(lute)는 현악기로 인도의 전통 악기인 시타르(sitar)를 가르킨다.

I cannot find the Way of Truth[1] living a life of luxury or with my body so weak." Thus, he decide to give up self-torture[2].

(2) Sujata's Offering

Soon after, while bathing in the river, Gautama was so weak that he fainted[3] and fell. Sujata, a young village girl who lived by the river, saw him and brought him a bowl of rice and milk[4]. "Eat this," she said. "It will give you strength." Gautama smiled, "If you had not given me food, I would have died without finding the true way to happiness." After the meal, he immediately felt stronger and continued his meditation.

When his five companions saw him eat, they were disgusted[5] and said, "Gautama has gone back to an easy life." With that, they left him. Gautama remembered meditating under the rose-apple tree when he was a child. "I shall meditate as I did before. Perhaps[6] that is the way to become enlightened[7]." From then on he began to eat daily. Once again, his golden skin glowed with health.

---

1) the way of truth: 진리의 길. 고행도 아니고 쾌락도 아닌 중도 (middle way) , 즉 8정도.
2) self-torture: 자기 고행. 자기를 스스로 괴롭힘.
3) faint [feɪnt]: 실신하다. 기절하다 (pass out).
4) a bowl of rice and milk: 유미죽(乳糜粥).
5) digusted [dɪsˈgʌstɪd]: 혐오감을 느끼는, 넌더리를 내는, 역겨워하는.
6) perhaps: 아마 (50%). probably, almost certain (80~90%).
7) to become enlightened: 성불(成佛)하다.

나는 호화스러운 삶을 사는 것으로도 매우 쇠약한 몸을 가지는 것으로도 진리의 길을 찾을 수 없다." 그래서 그는 고행을 포기하기로 결심했다.

(2) 수자타[1]의 공양

얼마 후, 강에서 목욕을 하는 동안 고타마는 너무 약해서 실신하며 쓰러졌다. 강가 근처에 사는 젊은 마을 소녀인 수자타는 고타마를 보았다. 그리고 그에게 유미죽[2]을 가져다 주었다. 그녀가 말했다. "이것을 드세요. 이것이 당신에게 힘을 가져다줄 것입니다." 고타마는 미소를 지었다. "만약 당신이 나에게 음식을 주지 않았더라면, 나는 행복에 이르는 참된 길을 발견하지 못한 채 죽었을 것입니다." 식사 후, 그는 즉시 강해짐을 느꼈고 명상을 지속했다.

다섯 동료들은 그가 먹는 것을 봤을 때, 그들은 역겨워하며 말했다. "고타마는 평이한 삶으로 돌아갔다." 그렇게 말하며 그들은 그를 떠났다. 고타마는 어렸을 때 로즈 애플 나무 아래에서 명상했던 것을 상기했다.[3] "나는 내가 예전에 했던 대로 명상을 할 것이다. 아마 그것이 깨닫게 되는 길일 것이다." 그때부터 그는 매일 먹기를 시작했다. 다시 한번, 그의 금빛 피부가 건강으로 빛났다.

---

1) 수자타(Sujata)는 처녀로 Senani 마을의 부족장인 Nandika의 막내 딸이다. 수자타는 처녀로 등장하기도 하고 귀족 부인으로 여겨지기도 한다. 입멸 직전의 춘다의 공양과 마찬가지로 정각 진적의 수자타의 공양도 최상이라고 칭송된다.
2) 유미죽은 기본적으로 우유와 쌀을 주요 재료로 만드는 죽이지만 꿀이나 다른 곡물도 들어간다.
3) 농경제 때 홀로 나무 밑에서 명상한 일을 언급하고 있다.

(3) The long struggle

Still seeking a way to understand the truth of life, Gautama set out for[1] Buddhagaya near Gaya in modern Bihar. Near a grove[2], he found a huge tree. A young grass cutter walked by and offered him a bundle[3] of grass. He made a seat of the grass at the foot of the Bodhi tree[4]. Then he walked around the tree three times[5] and sat down facing east.

Silently Gautama vowed[6], "Even if my flesh and blood were to dry up, leaving only skin and bones, I will not leave this place until I find a way to end all sorrow[7]." He sat under the Bodhi tree for forty-nine days. He was determined to discover the source[8] of all pain and suffering[9] in the world.

---

1) set out: 출발하다. (여행을) 시작하다.
2) grove [groʊv]: (작은) 숲, 수풀.
3) bundle ['bʌndl]: 꾸러미, 묶음, 보따리.
4) Bodhi tree: pippal.
5) walked around the tree three times: 우요삼잡(右繞三匝), 인도식 인사법으로 시계방향으로 세 번 돌기.
6) vow [vaʊ]:맹세하다. 서약하다. 원(願)을 세우다.
7) sorrow [sɒrəʊ]: (큰) 슬픔, 비애 (grief).
8) source [sɔ:rs]: 근원(origin), 근본, 원천, 원인(cause). a source of political unrest (정치적 불안의 원인). 고의 근원은 탐욕(greed)이다.
9) pain: 신체적, 물리적 고통. suffering: 정신적 고통의 의미가 강함.

(3) 기나긴 투쟁

여전히 삶의 진리를 이해할 방법을 찾으면서, 고타마는 오늘날 비하르(Bihar)에 있는 가야 근처의 보드가야[1]를 향해 출발했다. 숲 근처에서, 그는 커다란 나무를 발견했다. 한 젊은 풀 베는 사람이 지나갔다. 그에게 풀 한 묶음[2]을 제공했다. 그는 보리수 나무 아래에 풀로 자리를 만들었다. 그리고 그는 세 번 나무를 돌고, 동쪽을 바라보며 자리에 앉았다.

고요히 고타마는 맹세했다. "내 살과 피가 마르고, 피부와 뼈만 남는다고 할지라도, 모든 슬픔을 끝낼 방법을 찾을 때까지, 나는 이곳을 떠나지 않을 것이다." 그는 보리수 나무 아래 49일 동안 앉았다. 그는 세상에 있는 모든 신체적 고통과 정신적 고통의 근원을 발견하기로 결심했다.

---

1) 보드가야는 원래 가야라고 불리던 마을이다. 싯닷타 왕자가 정각한 것을 계기로 보드가야라고 불리게 되었다.
2) 길상초(吉祥草)로 전해지고 있다.

Mara, the evil one, tried to scare him into giving up his quest. First Mara sent rain, hail[1] and wind that lasted for days. Gautama was not moved at all.

Next, Mara tried to lure[2] Gautama into having selfish thoughts. He sent visions[3] of his very beautiful daughters who danced and sang before Siddhartha. They were hoping to remind[4] him of the pleasures of palace life and entice[5] him to return. Gautama was not moved.

When this did not work, Mara sent his fierce[6] demon armies. The sight of them turned Siddhartha's blood and cracked his bones. Still he did not move. As the demons' weapons[7] got close to Siddhartha, they turned into soft petals[8] that floated to the ground. The demons threw bolts of lightning and flaming[9] rocks at his silent figure, but they were deflected by a shield of light. Mara urged his armies on, but the Siddhartha's goodness protected him from all their attacks.

---

1) hail [heɪl]]: 우박.
2) lure [lʊr]: 꾀다, 유혹하다 (entice).
3) vision ['vɪʒn]: 보기, 봄(sight), 상상 .
4) remind A of B: A 에게 B를 상기시키다.
5) entice [ɪn'taɪs]: (보통 무엇을 제공하며) 유도하다. 유인하다 (persuade).
6) fierce [fɪrs]: 사나운, 험악한, 격렬한, 맹렬한.
7) weapon ['wepən]: 무기.
8) petal ['petl]: 꽃잎.
9) flaming ['fleɪmɪŋ]: 불타는 ,격렬한, 불같이 화가 난.

사악한 자 마라[1]는 그에게 겁을 주어 탐구하는 것을 포기하도록 시도했다. 첫 번째로 마라는 며칠 동안 지속해서 비와 우박과 바람을 보냈다. 고타마는 전혀 움직이지 않았다.

다음으로, 마라는 고타마를 유혹하여 이기적인 생각을 하도록 시도했다. 마라는 매우 아름다운 딸들의 모습을 보내, 싯다르타 앞에서 춤추고 노래하도록 하였다. 그들은 고타마가 궁궐 생활의 쾌락을 상기하고 되돌아가기를 희망했다. 고타마는 동요하지 않았다.[2]

이것이 효과가 없자, 마라는 그의 험악한 악마 군대를 보냈다. 그들의 광경은 싯다르타의 피를 거꾸로 돌게 하고 뼈가 부서지는 것 같게 했다. 여전히 그는 움직이지 않았다.[3] 악마의 무기들이 싯다르타에게 가까워졌을 때, 그것들은 부드러운 꽃잎으로 변해 살포시 땅 위에 내려앉았다. 악마는 번개와 불타는 돌을 그의 고요한 모습에 던졌지만, 그것들은 빛의 방패에 의해 막아졌다. 마라는 자신의 군대를 재촉하였지만, 붓다의 선함이 모든 그들의 공격으로부터 그 자신을 보호했다.

---

1) 마라(Mara)는 죽음의 신, 윤회를 총괄하는 악신. 공포와 유혹으로 중생들을 통제함.
2) 부정관으로 아름다운 여성들의 춤 유혹에 동요하지 않음.
3) 자비관으로 무서운 악마 군대에 동요하지 않음.

(4) Victory at last

During this struggle that happened in his mind, Gautama was able to see things as they truly were. Now he had finally found the answer to suffering: "The cause of suffering is greed, selfishness and stupidity. If people get rid of these, they will be happy."

Mara visited Gautama one last time, still trying to confuse him. He asked Gautama, "How can you prove that you are worthy to become an enlightened one? What are your virtuous[1] deeds? Who is your witness?" Calmly the seated Gautama touched the earth with his right hand[2]. The Earth[3] thundered[4], "I am his witness!" Defeated, Mara fled[5].

---

1) virtuous [vɜːrtʃuəs]: 도덕적인, 고결한 (irreproachable). virtuous deeds: 복업 즉 복을 가져오는 행위.

2) touched hand: 항마촉지(降魔觸地).

3) The Earth: 대지의 신, 주로 여신으로 여겨지며 생명을 만듦.

4) thunder [θʌndər]: 천둥치다.

5) flee [fliː]: 달아나다, 도망하다.

(4) 마침내 승리하다

그의 마음속에서 투쟁하는 동안, 고타마는 사물을 존재하는 그대로 볼 수 있게 되었다. 이제 그는 마침내 고통에 대한 답을 발견했다: "고통의 근원은 탐욕과 이기심과 무지함이다. 만약 사람들이 이것들을 제거한다면, 그들은 행복해질 것이다."

마라는 마지막으로 한번 더 고타마를 방문해서 여전히 그를 혼란스럽게 하려고 시도했다. 그는 고타마에게 물었다. "어떻게 네가 깨달은 자가 될 수 있는 자격이 있다는 것을 증명할 수 있겠는가? 너의 복행[1]은 무엇인가? 누가 너의 증인인가?" 조용히 앉아 있던 고타마는 그의 오른손으로 대지를 짚었다.[2] 대지가 천둥을 쳤다. "내가 그의 증인이다!" 패배한 마라는 도망쳤다.

---

1) 복행(福行, virtuous deeds)은 좋은 결과를 가져올 수 있는 선행을 의미한다. 선업을 지으면 좋은 과보를 받는다.
2) 마라의 최종 도전에 응하며 고타마 싯닷타는 오른쪽 손으로 대지를 짚어 대지의 신을 불러들인다. 이것이 항마촉지인이다.

During a full-moon night in May, Gautama went into deep meditation. As the morning star appeared in the eastern sky, he became an enlightened one, a Buddha. He was no longer Siddhartha Gautama the prince. He looked the same, yet one could see about him the signs of a Perfect One. His body glowed with golden light and emitted[1] the colours of the rainbow. The heavens rained down perfumed blossoms and the earth trembled.

He was thirty-five years old. From now on he would be known as the Buddha, the Enlightened. He realized that all beings could do what he had done. He exclaimed[2], "How wonderful! All beings can become Buddhas.[3]"

(5) Under the Bodhi Tree

The Buddha remained in deep meditation below the tree because he was free at last. Then he stood up and gazed at the tree in gratitude[4], to thank it for having given him shelter[5]. From then on the tree was known as the Bodhi-tree, the tree of Enlightenment.

---

1) emit [i'mɪt]: (빛·열·가스·소리 등을) 내다[내뿜다].
2) exclaim [ɪk'skleɪm]: 소리치다, 외치다.
3) All beings can become Buddhas: 일체중생 실유불성(一切衆生 悉有佛性).
4) gratitude [|ɡrætɪtuːd]: 고마움, 감사, 사의.
5) shelter ['ʃeltə(r)]: 보호처, 은신처, 쉼터, 안식처.

5월의 보름날 밤, 고타마는 깊은 명상에 잠겼다. 새벽별이 동쪽 하늘에 나타날 때, 그는 깨달은 자, 붓다가 되었다. 그는 더 이상 싯다르타 고타마 왕자가 아니었다. 그는 겉으로 같아 보였지만, 그에게서 완벽한 사람의 특상을 볼 수 있었다. 그의 몸은 금빛으로 빛났고, 무지개 빛을 내뿜었다. 하늘에서는 향기로운 꽃들이 비오듯 내렸고 대지는 흔들렸다.

그는 35살이었다. 그 후로 그는 깨달은 자, 즉 붓다로 알려졌다. 그는 모든 존재가 그가 해낸 것을 할 수 있다는 것을 깨달았다. 그리고 외쳤다. "얼마나 경이로운가! 모든 존재가 붓다가 될 수 있다."[1]

(5) 보리수 아래

마침내 자유로워졌기 때문에 붓다는 나무 아래 깊은 명상에 머물렀다. 그리고 그는 일어 서서 그에게 안식처를 제공해준 나무에 대한 고마움을 표하기 위해 감사를 담아 나무를 응시했다. 그 후로 그 나무는 깨달음의 나무인 보리수로 알려지게 되었다.

---

1) 불성(佛性) 사상 즉 일체중생이 모두 불성을 가지고 있다는 사상은 대승불교에서 주장되었다. 초기불교에서는 붓다가 되는 것 보다도 아라한이 되는 것을 현실적인 목표로 삼았다.

5) The First Sermon

When considering to whom he should teach the Dhamma first, he thought of Alara Kalama and Uddaka Ramaputta, his teachers of old. But they had passed away. Then the Buddha made up his mind to make known the truth to those five ascetics[1], his former friends, still steeped[2] in the extreme asceticism[3]. Knowing that they were living at Benares in the Deer Park at Isipatana, the Buddha left Gaya for distant Benares.

The Buddha addressed them: "Monks, these two extremes ought not to be cultivated by the recluse[4]. What two? Sensual indulgence which is vulgar, worldly, and conducive to harm; and self-mortification, which is painful, and conducive to harm. The middle path[5], monks, understood by the Tathagata[6], avoiding the extremes, leads to enlightenment, and Nibbana[7]." Then the Buddha explained to them the Four Noble Truths which embrace the entire teaching of the Buddha.

---

1) ascetic [əsétik]: 금욕주의자, 고행자, 수도자, 사문(沙門).
2) steep [sti:p]: 몰두[열중]하게 하다, …에 깊이 빠지게 하다. e.g.) be steeped in crime 죄악에 깊이 빠져 있다.
3) extreme asceticism: 극단적 고행주의.
4) recluse [réklu:s]: 은둔자, 속세를 떠나서 사는 사람. 사문을 의미한다.
5) the middle path: 중도(中道). middle way 라고도 영역된다.
6) Tathagata: 여래(如來). 붓다의 별명.
7) Nibbana: 열반(涅槃, Nirvana). 생사에서 벗어난 최고의 해탈 경지임.

5) 첫 설법

　　붓다는 누구에게 먼저 법을 가르칠까를 생각할 때 옛 스승인 알라라 칼라마와 웃다카 라마풋타를 생각했다. 그러나 그들은 죽었다. 그리고 나서 붓다는 여전히 극도의 고행주의에 빠져 있는 옛 친구인 다섯 고행자들에게 진리를 알리기로 결심하였다. 그들이 베나레스의 이시파타나(Isipatana)에 있는 녹야원에 살고 있다는 것을 알고[1], 붓다는 머나먼 베나레스를 향해 가야를 떠났다.[2]

　　붓다는 그들에게 이렇게 말하였다. "비구들이여, 이 두 극단은 수행자가 계발해서는 안 된다. 무엇이 두 가지 극단인가? 천박하고 세속적이며 해를 끼치는 감각적 방종 그리고 고통스럽고 해를 입히는 자기 고행. 비구들이여! 여래[3]가 이해한 중도(中道)[4]는 극단을 피하여 깨달음과 열반에 이르게 하느니라." 그러고 나서 붓다는 붓다의 가르침 전체를 포괄하는 사성제를 그들에게 설명하였다.[5]

---

1) 베나레스는 현재 바라나시이다. 이시파타나는 한역으로 선인주처(仙人住處)라고 불린다. 녹야원에서 정각 후 붓다의 첫 설법이 있었다.
2) 가야(Gaya)는 붓다의 정각 이후 보드가야로 불린다. 가야에서 바라나시의 사르나트까지 150마일 정도 거리이다.
3) 여래(如來)는 붓다의 별칭으로 있는 그대로의 진실에 도달한 분이라는 의미이다.
4) 중도는 극단적인 쾌락과 고행에서 벗어난 상태를 의미하는 것으로 실천 방법으로 8정도가 제시되어 있다.
5) 붓다는 첫 설법에서 먼저 중도와 8정도를 가리키고 나서 사성제를 설하고 있다.

With the proclamation of the Dhamma for the first time[1], with the setting in motion[2] of the Wheel of the Dhamma[3], and with the conversion of the five ascetics, the Deer Park at Isipatana became the birthplace of the Buddha's Dispensation[4] and of his Community of Monks.

6) The Buddha's Last Days

The Buddha had taught the truth for forty-five years. His every action had been for the sake of[5] others. Now he was eighty years old. Despite[6] his age, he prepared to make one last journey. He said, "I have little time to live. I wish to return to my homeland where I grew up." He and his disciples travelled[7] slowly, resting often.

---

1) for the first time: 처음으로.

2) set something in motion: 무언가 시작하거나 일이 일어나게 하는 것을 말하는 표현이다. e.g.) The government just set the new laws in motion. (정부는 새로운 법안을 시행했다).

3) the Wheel of the Dhamma: 법륜(法輪), 법의 수레바퀴.

4) dispensation [dìspənséiʃən]: 일반적인 영어 의미는 '분배, 체제, 질서, 관리' 등으로 다양하고 신학적 의미는 '(신의) 섭리, 결정, 계획'을 뜻한다, 여기에선 불교(붓다의 가르침)라는 종교 체제를 의미한다.

5) for the sake of: ~의 이익을 위하여, ~을 위해서.

6) despite [dispáit]: ~에도 불구하고(in spite of). e.g.) He is very strong despite his age. (그는 나이에도 불구하고 매우 정정하다).

7) travel [trǽvəl]: 비교적 긴 여행이나 여정을 의미한다. 광범위한 이동 자체를 지칭할 수 있으며, 특히 해외여행을 말할 때 자주 쓰인다. Trip: 비교적 짧은 여행이나 방문을 지칭할 때 쓰인다. 자주 쓰이는 표현으로는 출장(Business trip)이나 현장학습(Field trip)이 있다. Tour: 일정한 계획에 의해 각지를 여행하는 관광여행이다. Trip보다는 그 목적이 뚜렷하기 때문에 대게 tour 앞에 그 목적을 나타내는 단어가 붙는다. e.g.) a concert tour (순회 연주, 연주 여행). Journey: 다른 단

처음으로 법을 선포하고, 법륜[1]을 움직이게 하고, 다섯 고행자들이 개종하면서 이시파타나의 녹야원은 불교와 승가의 발생지가 되었다.

6) 붓다의 마지막 날들

붓다는 45년 동안 진리를 가르쳤다. 그의 모든 행동은 다른 사람들을 위한 것이었다. 이제 그는 80세였다. 그의 나이에도 불구하고 그는 마지막 여정을 준비하였다. 그는 말했다. "나는 살 시간이 거의 없다. 내가 자란 고국으로 돌아가고 싶다."[2] 그와 그의 제자들은 자주 쉬면서 천천히 여행했다.

---

1) 법륜은 법의 수레바퀴라는 의미로 전륜성왕의 바퀴 모양의 무기와 대조된다. 전륜성왕이 가진 바퀴 모양의 물리적 무기는 악인을 정복하는데 비해 붓다의 법륜은 정신력으로 악(惡)을 제어하는 평화적인 설법을 의미한다.
2) 입멸 3개월 전에 한 이야기이다.

Along the way, many people came to see him and to ask for[1]
advice. The Buddha was happy to teach anybody who came to
him. They all listened and bowed respectfully.

(1) The Buddha spoke of his death

On the journey, the Buddha was offered a meal of mushrooms
by Chunda, a blacksmith. He became ill after the meal, but in-
sisted on continuing as far as[2] Kusinagara. Ananda, his faithful
attendant, wept to see the Buddha so ill. The Buddha comforted
him saying, "Do not grieve, Ananda. I am old and feeble[3] and
cannot live forever. It is natural for everything that is born to
die. In three months I shall pass into final Nirvana[4], a state of
ultimate[5] peace and happiness. Call all the monks and nuns to-
gether."

어들과는 달리 돌아올 기약이 없는 긴 여정을 의미한다. 여행의 시간과 거리에 중점을 두며, 대게
'모험'이나 '~로 가는 길'을 뜻한다.
1) ask for: ~을 요구하다. 요청하다.
2) as far as: ~까지.
3) feeble [fi:bəl]: 연약한, 약한, 힘없는 (weak).
4) final Nirvana: 무여의열반(無餘依涅槃).
5) ultimate [ʌltəmit]: 최후의, 마지막의, 궁극의. e.g.) the ultimate end of life (인생의 궁극 목적).

도중에 많은 사람들이 그를 찾아와서 조언을 구했다. 붓다는 자신에게 오는 사람은 누구든지 가르칠 수 있어서 행복했다. 그들은 모두 경청하였고 공손히 절을 했다.

(1) 붓다가 자신의 죽음을 말하였다

여행 중에 붓다는 대장장이 춘다로부터 버섯 한 끼[1]를 공양받았다. 식사 후 붓다는 병에 걸렸지만, 쿠시나가라까지 계속 가겠다고 주장했다. 충실한 시자인 아난다는 붓다가 이렇게 병들어 있는 것을 보고 눈물을 흘렸다. 붓다는 그를 위로하며 말했다. "아난다, 슬퍼하지 말라. 나는 늙고 허약해서 영원히 살 수 없다. 태어난 모든 것이 죽는 것은 당연하다.[2] 3개월 후에 나는 최후의 열반, 즉 평화와 행복의 상태에 들어갈 것이다. 비구들과 비구니들을 모두 불러라."

---

1) 팔리어 경전에 의하면 붓다가 드신 마지막 음식은 수카라맛다바(sukaramaddava)인데 연한 돼지 고기라는 설과 버섯이라는 설이 있다.
2) 생자필멸(生者必滅)은 만들어지거나 태어난 것은 반드시 소멸하거나 죽는다는 것을 의미한다. 만나면 반드시 헤어지게 된다는 회자정리(會者定離)라는 말과 함께 잘 쓰인다.

The disciples wept and begged their teacher to remain in the world. With tears in his eyes, Ananda asked, "When the Buddha is no longer in the world, who is there to teach us?" "What more is there to teach, Ananda?" the Buddha asked. "I have taught you all I know. There is nothing that I have kept hidden. My teachings are your teacher now. Follow them and you will be true to me."

In a Sala[1] grove near Kusinagara, the Buddha humbly[2] said, "I can go no further Ananda, prepare a resting place for me between these two large Sala trees." He lay down on his right side with his head to the north. The two Sala trees bloomed[3] out of season and rained their blossoms all around him.

(2) Last respects

Hearing that the Buddha was dying, people came from afar to pay their last visit. Even as he lay there in pain, he continued to teach until his last moment. At dusk[4] when the grove was cast in purple shadows, the Buddha entered into final Nirvana. Before departing, he spoke his last words.

---

1) Sala: 살라라는 나무 이름.
2) humbly [hʌ́mbli]: 겸손하여, 황송하여.
3) bloom [blu:m]: 꽃이 피다, 개화하다, 번영하다, 한창 때이다.
4) dusk [dʌsk]: 어둑어둑함, 땅거미, 황혼(twilight). e.g.) at dusk: 해질 무렵에.

제자들은 눈물을 흘리며 스승에게 이 세상에 남아 달라고 간청했다. 아난다는 눈물을 글썽이며 여쭈었다. "붓다가 이 세상에 더 이상 없을 때 누가 우리를 가르칩니까?" 붓다가 대답했다. "아난다여! 더 가르칠 것이 무엇이 있느냐? 내가 아는 것은 다 가르쳐 주었다. 내가 숨겨둔 것은 아무것도 없다. 나의 가르침은 이제 너의 스승이다. 그대가 나의 가르침을 따른다면 그대는 내게 충실한 것이다."

쿠시나가라[1] 근처의 살라 숲에서 붓다는 겸손하게 말했다. "아난다여! 나는 더 이상 갈 수 없다. 이 두 개의 큰 살라나무 사이에 나를 위한 쉴 자리를 마련해 다오." 붓다는 머리를 북쪽으로 향하면서 오른쪽 옆구리를 바닥에 대고 누웠다.[2] 두 살라나무는 계절에 맞지 않게 꽃을 피우며[3] 그의 주위로 온통 꽃비를 내렸다.

(2) 마지막 경례

붓다가 죽어가고 있다는 소식을 듣고 멀리서 사람들이 찾아와서 마지막 친견을 했다. 심지어 고통스럽게 누워 있는 동안에도 그는 마지막 순간까지 계속 가르쳤다. 황혼 무렵, 자줏빛 그림자로 숲이 드리워졌을 때, 붓다는 최후의 열반[4]에 들어갔다. 떠나기 전에 그는 마지막 말을 했다.

---

1) 인도 동북부 지역에 있는데 붓다 당시 조그마한 도시였던 것으로 보인다.
2) 머리를 북쪽으로 둔 이유에 대해 여러 가지 의견들이 있다. 자세한 논의는 다음 서적을 참고하시오. 안양규, 《붓다의 입멸에 관한 연구》 민족사 2009 pp. 266-277.
3) 원래 봄에 꽃이 피어야 하는데 늦가을이나 초겨울에 꽃을 피운 것에 대한 표현이다. 입멸하는 붓다에 대한 존경의 표시이다.
4) 최후의 열반은 무여의열반(無餘依涅槃)을 의미한다. 무여의열반은 유여의열반과 달리 육신이라는 의지물도 없이 이루어지는 열반이다.

"Everything is subject to[1] change[2]. Remember to practise the teachings earnestly."[3] All his disciples and villagers gathered around him and wept.

According to[4] custom[5], his body was placed on a pyre[6] and burned. Shining, jewel-like relics[7] were found in the ashes. They were divided into eight parts and placed in monuments[8] called stupas[9]. The Buddha passed away in 543 BCE[10] at the age of eighty. Since then, his teachings of compassion and wisdom have been passed on from generation to generation, from country to country, and from heart to heart, right down to the present day.

---

1) be subject to: ~에 의해 통제를 받는다, 종속되어 있다. be subjected to: 수동태 형식으로 좋지 않은 상황을 겪다, 겪게 되다.

2) Everything is subject to change: 제행무상(諸行無常).

3) Impermanent are all compounded things. Work out your deliverance with mindfulness . 제행무상(諸行無常) 불방일(不放逸)

4) according to: ~에 의하면

5) custom [kʌ́stəm]: 관습, 풍습, 관행. e.g.) manners and customs of a country: 일국의 풍속 습관. e.g.) Custom is a second nature. (습관은 제2의 천성이다).

6) pyre [paiər]: 화장용(火葬用) 장작(더미).

7) relic [rélik]: 사리(舍利), (성인·순교자의) 성골(聖骨), 유골, 성물(聖物); 유품,

8) monument [mʌ́njəmənt]: 기념비, 기념 건조물, 기념탑. (역사적) 기념물, 유적 e.g.) a natural monument: 천연 기념물

9) stupa: 탑(塔)

10) BCE: Before Common Era(공통년대 전). 기독교인 아닌 사람들은 BC(Before Christ) 대신에 BCE를 선호한다.

"모든 것은 변화되기 마련이다. 그 가르침을 진지하게 실천할 것을 기억하라." 그의 제자들과 마을 사람들이 모두 그의 주위에 모여 눈물을 흘렸다.

　관습에 따라, 그의 시신은 장작더미 위에 올려져 불에 탔다. 빛나는 보석 같은 사리가 잿더미에서 발견되었다. 그것들은 여덟 부분으로 나뉘어져서 탑이라고 불리는 기념물에 안치되었다.[1] 붓다는 기원전 543년 80세의 나이로 세상을 떠났다. 그 이후 그의 자비와 지혜에 대한 가르침은 대대로, 나라에서 나라로, 그리고 마음에서 마음으로, 현재 오늘에 이르기까지 전해져 오고 있다.

---

1) 다비 후붓다의 사리를 모시는 10개의 탑이 조성되었다. 8개의 탑은 붓다의 진신사리를 모셨다. 나머지 한 개의 탑은 화장 후 재를 모셨고, 또 다른 한 개의 탑은 사리 분배 때 사용한 그릇을 모셨다.

제 3 장

붓다의 가르침: 법(法)
Teachings of the Buddha: The Dharma

1. Common Teachings of All the Buddhas

Dharma is the teachings of the Buddha. The main teachings of the Buddha[1] are as follows. "Do not do bad, Do good, Keep your mind clean." Dharma teaches us how to live wisely and happily. It tells us how to face[2] and solve problems[3]. When we follow[4] the Dharma, it brings much happiness and peace[5].

1) Do not do bad

Killing animals and being cruel[6] to them is bad. Like us, animals do not want to get hurt. We should not harm them; not even just for fun. Stealing is bad.

---

1) the main teachings of the Buddha: 시제불교(是諸佛敎). 칠불통계(七佛通戒): 7부처님이 공통적으로 설한 것. 어느 한 곳이나 한때에 그치지 않는 불교의 보편타당한 진리. "모든 악은 짓지 말고, 모든 선은 힘써 행하며, 제 마음을 맑게 하라. 이것이 곧 부처의 가르침이다."

2) face: 직면하다, 맞서다. (confront).

3) how to face and solve problems: 이고(離苦).

4) follow: 따르다, 행하다. (practise).

5) brings much happiness and peace: 득락(得樂).

6) cruel [kru:əl]: 잔인한, 의도적으로 사람이나 동물에게 고통을 안겨주는.

1. 모든 붓다의 공통 가르침

법은 붓다의 가르침이다. 붓다의 주요 가르침은 다음과 같다. "나쁜 짓을 하지 마세요,[1] 좋은 일을 하세요,[2] 마음을 깨끗이 하세요[3]." 법은 우리에게 현명하고 행복하게 사는 방법을 가르쳐준다. 문제를 직시하고 해결하는 방법을 알려준다. 우리가 법을 따를 때 법은 많은 행복과 평화를 가져온다.

1) 나쁜 짓을 하지 말라

동물을 죽이고 잔인하게 대하는 것은 나쁜 일이다. 우리[4]와 마찬가지로 동물도 상처받기를 원하지 않는다. 우리는 그들을 해쳐서는 안 된다. 심지어 단지 재미를 위해서도 안 된다. 도둑질은 나쁜 것이다.

---

1) 제악막작 (諸惡莫作): 모든 악은 행하지 마라. 불교에서의 선악의 기준은 다음과 같다.
  - 선(善): 자신과 타인에게 좋은 영향력을 주는 것.
  - 악(惡): 자신과 타인에게 해를 끼치는 것.
2) 중선봉행 (衆善奉行): 모든 선을 행하라.
3) 자정기의 (自淨其意): 마음을 청정하게 하라.
4) 우리는 여기서 인간을 의미한다.

People who have their money or things stolen[1] will be very sad. Those who steal[2] will be punished for it. Telling lies is bad. Telling lies even for fun may get[3] people into trouble. We should always tell the truth.

2) Do good

We should respect our parents and teachers. They are ready to[4] help us and give us good advice. They deserve[5] our respect. We should help one another[6]. Everyone needs[7] help at times[8]. Helping each other will make everybody happy. We should make friends[9] with good people. They will help us to become better people. It[10] is best to keep away[11] from people who do bad.

---

1) have+목적어+ 과거분사(pp): have는 사역동사. e.g.) I have a house built (집을 짓게 하였다).
2) Those who steal: thief.
3) get A into B: A로 하여금 B에 들어가게 하다.
4) be ready to: ~할 준비가 되어 있다.
5) deserve [dɪ'zɜːrv]: ~을 받을만 하다, 누릴 자격이 있다, ~받아 마땅하다. e.g.) You deserve a rest after all that hard work.
6) one another: 3명 이상의 사람, cf. each other: 2명의 사람 (서로).
7) need는 생존(survival)에 필요한 것을 바라는 것이며 want는 부족함을 채우려는 욕망이다.
8) at times: 가끔, 때로는. (sometimes, from time to time, occasionally)
9) make friends: 친구를 만들다. friend: 성별·나이와 무관하게 그리고 경제적 이해 관계와 무관하게, 정서적 교감을 이루는 사람을 의미한다. 국내에서 연령대가 비슷한 또래를 친구라고 하는 것과 구분해야 한다. 생선 새끼줄과 향 종이의 비유는 친구의 중요성을 가르치고 있다. 좋은 사람과 함께 갈 수 없다면 '무소의 뿔'처럼 혼자 가라.
10) it ~to: 가주어, 진주어 구문.
11) keep away: 멀리하다, 거리를 두다.

돈이나 물건을 도난당한 사람들은 매우 슬퍼할 것이다. 도둑질하는 자는 그에 대한 벌을 받을 것이다. 거짓말을 하는 것은 나쁜 것이다. 심지어 재미삼아 거짓말을 하는 것이라도 사람들을 곤란에 빠뜨릴 수 있다. 우리는 항상 진실을 말해야 한다.

2) 선을 행하라

우리는 부모와 선생님을 존경해야 한다. 그들은 우리를 돕고 좋은 조언[1]을 줄 준비가 되어 있다. 그들은 우리의 존경을 받을 자격이 있다. 우리는 서로 도와야 한다. 때때로 누구나 도움을 필요로 한다. 서로 도우면 모두가 행복해진다. 우리는 좋은 사람들과 친구가 되어야 한다. 그들은 우리가 더 나은 사람이 되도록 도울 것이다. 나쁜 짓을 하는 사람은 멀리하는 것이 최선이다.

---

1) 타인에게 충고를 할 때 주의할 사항
① 충고할만한 때를 가려서 한다. 상대가 들을 만한 때에 충고한다.
② 거짓된 말로 충고하지 않고, 진실을 바탕으로 한다.
③ 부드럽고 자애로운 말씨로 충고한다.
④ 무의미한 일에 대해 충고하지 않는다.
⑤ 자비로운 마음으로 충고를 하며 성난 마음에서 비롯되면 안 된다.

3) Keep your mind clean

Selfish thoughts[1] make your mind unclean. When people are selfish, they only think about themselves. No one likes selfish people. We should not have selfish thoughts. Don't be greedy[2] as it makes your mind unclean. When a greedy boy eats too much, he gets ill and feels terrible. In the same way[3], wanting too much of anything, such as toys and games, is not good for us. We should not have greedy thoughts. Angry thoughts make your mind unclean. When we lose our temper[4] easily, we upset other people. Then no one wants to be our friend and we will be sad. So we should not have angry thoughts.

---

1) selfish thoughts: 이기적(자기중심적) 사고, 경쟁 심리, 타인을 신경쓰지 않는 생각과 태도.
2) greed(craving); 필요 이상의 것을 추구 (need; 생존과 직결되는 필수적인 것). 붓다와 제자들은 '무소유'가 원칙으로 4가지 물건은 지녀도 되었다: 가사, 발우, 깔개, 비상약.
3) in the same way: 마찬가지로, 같은 방식으로.
4) lose one's temper: 욱하고 화를 내다, 이성을 잃다.

3) 마음을 깨끗이 하라

이기적인 생각은 마음을 더럽게 만든다. 사람들은 이기적일 때 자기 자신만 생각한다. 이기적인 사람을 좋아하는 사람은 없다. 우리는 이기적인 생각을 해서는 안 된다. 탐욕은 마음을 더럽게 하니 탐욕을 부리지 마세요. 탐욕스러운 소년이 너무 많이 먹으면 병에 걸리고 기분이 나빠진다. 마찬가지로 장난감이나 게임 같은 것을 너무 많이 원하는 것은 우리에게 좋지 않다. 탐욕스러운 생각을 해서는 안 된다. 성난 생각은 마음을 더럽게 만든다. 우리가 쉽게 화를 낼 때, 우리는 다른 사람들을 화나게 한다. 그러면 아무도 우리의 친구가 되기를 원하지 않으며 우리는 슬퍼할 것이다. 그러므로 우리는 화난 생각을 해서는 안 된다.

2. Karma and Samsara

1) Karma

Karma is a Sanskrit word which means intentional actions. The actions or intent of an individual will determine his or her future, which is the spiritual principle of cause and effect. If you do good, then you can expect good to happen to you, but if you do bad, you can only expect bad to happen to you. Basically the word "Karma" confirms to the saying, "As you sow, so shall you reap."

Basically, the Buddha taught that good actions lead to freedom from suffering, happiness and Nibbana, and bad actions lead to more suffering, unhappiness and away from Nibbana. Our thoughts and actions determine the kind of life we can have. If we do good things, in the future good things will happen to us. If we do bad things, in the future bad things will happen to us. Every moment we create new karma by what we say, do, and think.

2. 업과 윤회

1) 업(業)

카르마는 의도적인 행동을 의미하는 산스크리트어 단어이다. 개인의 행동이나 의도가 자신의 미래를 결정하며, 그것은 인과의 영적인 원리이다. 선을 행하면 좋은 일이 일어날 것이라고 기대할 수 있지만, 악을 행하면 오직 나쁜 일이 일어날 것이라고 기대할 수 있다. 기본적으로 "카르마"라는 단어는 "뿌린 대로 거둔다"는 말을 확인시켜 준다.

기본적으로 붓다는 선한 행동은 괴로움에서 벗어나게 하고, 행복, 열반에 이르게 하며, 나쁜 행동은 더 많은 괴로움과 불행을 가져오고 열반에서 멀어지게 한다고 가르쳤다. 우리의 생각과 행동은 우리가 가질 수 있는 삶의 종류를 결정한다. 우리가 좋은 일을 하면 미래에 우리에게 좋은 일이 일어날 것이다. 우리가 나쁜 일을 하면 미래에 나쁜 일이 일어날 것이다. 매 순간 우리는 우리가 말하고, 행동하고, 생각하는 것으로써 새로운 업을 짓는다.

There are the three doors that cause karma in two ways: wholesome actions (kusala karma), unwholesome actions (akusala karma). These 10 unwholesome actions are caused by the three doors: bodily actions, verbal actions, mental actions.

There are 3 unwholesome actions by the body (kāya karma).

① Killing of animals and living beings, hurting them.

② Stealing, taking other people's properties which are not given.

③ Unlawful sexual indulgence.

There are 4 unwholesome actions by the speech (vāci karma).

④ Telling lies.

⑤ Uttering words that can cause division or discord amongst people, backbiting.

⑥ Saying filthy words, bad language, harsh speech.

⑦ Using frivolous[1] language, babbling[2] words with no meaning.[3]

---

1) frivolous [frívələs]: 경솔한, 들뜬; 하찮은, 보잘것없는, 시시한; 바보 같은
2) babble [bǽbəl]: 했던 말을 자꾸 되풀이하다, 생각하지 않고 함부로 지껄이다, 웅얼거리다, 어린 아이들이 알아듣지 못하는 말로 반복하여 지껄거리다.
3) 기어는 내용이 없는 잡담을 말하는 것이다.

업을 일으키는 세 가지 문이 두 가지 방식으로 있다. 선한 행위(선업)와 불선한 행위(불선업)이다. 다음 10가지 나쁜 행위는 세 가지 문, 즉 몸의 행위, 말의 행위, 정신의 행위에서 비롯된다.

몸으로 하는 3가지 불선한 행위(kāya karma)가 있다.

① 동물과 생물을 죽이고 다치게 하는 것.[1]

② 훔치고, 주지 않은 다른 사람의 재산을 취하는 것.[2]

③ 불법적인 성적 탐닉.[3]

입으로 하는 4가지 불선한 행위가 있다.

④ 거짓말 하는 것.[4]

⑤ 사람들 사이에 분열이나 불화를 일으킬 수 있는 말을 하는 것, 뒷담화 하는 것.[5]

⑥ 더러운 말, 나쁜 말, 거친 말을 하는 것.[6]

⑦ 경솔한 말을 하는 것, 의미 없는 말을 중얼거리는 것.

---

1) 살생의 대상은 인간 뿐만아니라 동물, 벌레까지 포함한다. 살생은 죽이는 행위 이외에도 괴롭히는 행위도 적용된다.

2) 투도는 다른 사람의 소유물을 허락도 없이 가져가는 행위이다. 자신이 노동하지 않고 남의 노동의 결과물을 취하는 것이다.

3) 불사음: 상대의 동의없이 강제적으로 또는 몰래 직접적으로나 간접적으로 신체적 접촉을 하는 행위이다.

4) 망어는 악의적으로 상대에게 거짓을 말하는 행위이다.

5) 양설은 사람들을 이간질시키고 분쟁을 조장하게 만드는 말이다.

6) 악구는 욕설로 더럽고 지저분한 말이다.

There are 3 unwholesome actions by the mind(mano karma).

⑧ Greed.

⑨ Anger.

⑩ Wrong beliefs.

It is important to keep in mind[1] that good conduct is basic to the development of a person as a perfect being. Moral conduct is virtue(sila) which is right behaviour. It is developed by controlling the speech and bodily actions. When a man is firmly situated in virtue(sila), it becomes an aid to gain tranquility of mind which in turn[2] leads to the development of wisdom. Those who[3] have greed, hatred and delusion are bound to[4] do unwholesome things.

They are within ourselves. But we have to control them. If we do not do unwholesome actions and if we control greed, hatred and delusion, we could have pure thoughts and control these weaknesses[5]. The Buddha preached that all good and evil have their origin in the mind.

---

1) keep in mind: 기억하다. 명심하다. e.g.) Keep in mind that it is your thought that dominates you. (당신의 생각이 당신을 지배한다는 것을 명심하라).

2) in turn: 차례로, 결국.

3) those [ðouz]: pron. 사람들. e.g.) Those (who were) present were all surprised at this. (참석했던 사람들은 모두 이에 놀랐다). e.g.) There are those who say so. (그렇게 말하는 사람들도 있다).

4) be bound to: ~하기 마련이다 ~일 것이다, ~할 가능성이 높다. e.g.) My team is bound to win. (나의 팀이 꼭 이길 것이다).

5) these weaknesses: 이러한 약점들, 즉 greed(탐욕), hatred(증오), delusion(무지).

마음으로 하는 3가지 불선한 행위(mano karma)가 있다.

⑧ 탐욕.[1]

⑨ 화.[2]

⑩ 잘못된 믿음.[3]

인간이 완전한 존재로 발전하기 위해서는 선행이 기본임을 명심하는 것이 중요하다. 도덕적 행위는 올바른 행위인 계(戒, sila)이다. 그것은 말과 몸의 행동을 통제함으로써 개발된다. 사람이 계에 확고히 자리를 잡으면 마음의 고요함을 얻는 데 도움이 되며, 이는 다시 지혜의 계발로 이끈다. 탐욕과 미움과 미혹이 있는 자는 반드시 악을 행하기 마련이다.

그것들은 우리 자신 안에 있다. 그러나 우리는 그것들을 통제해야 한다. 악한 행동을 하지 않고 탐욕과 미움과 미혹을 다스린다면 순수한 생각을 할 수 있고 이러한 약점을 다스릴 수 있다. 붓다는 모든 선과 악의 근원이 마음에 있다고 말하였다.

---

1) 탐(貪)은 어떤 대상을 지나치게 소유하려는 강렬한 욕망이다.
2) 진(瞋)은 어떤 대상을 미워하거나 제거하려는 악의적인 분노 감정이다.
3) 사견(邪見)은 그릇된 견해 내지 세계관, 잘못 아는 것, 편견 등을 의미한다.

We are not able to fix[1] any past time or past karma. Presently we have only our present time and our future in our hand. Doing good in the present, we will reap the rewards. We should be willing to[2] do good deeds, and need repentance[3] for bad deeds.

So let our mind be pure, the vision be holy, karma be great. Let's wish the best for everyone, and talk sweetly through words. If we want good things for everyone, it will produce goodness. If we want bad things, it will generate bad things for us. As a man himself sows, so he himself reaps; no man inherits[4] the good or evil act of another man. The fruit is of the same quality as the action[5].

2) Samsara

Samsara is the wheel of rebirth which means something like a soul is reborn from one life form to another.

---

1) fix [fiks]: 고치다, 수리[수선]하다(repair), 조정하다. e.g.) He fixes the watch (그는 시계를 고친다).

2) be willing to: 기꺼이 ~하다.

3) repentance [ripéntəns]: 참회, 회개.

4) inherit [inhérit]: (재산·권리 따위를) 상속하다, 물려받다. e.g.) She inherited the family estate. (그녀는 가족의 재산을 상속받았다).

5) the action은 업이고 the fruit은 과보이다. 업과 과보는 동일한 성질을 갖는다. 선인선과(善因善果), 악인악과(惡因惡果)를 말하고 있다.

우리는 과거의 시간이나 과거의 업을 고칠 수 없다. 현재 우리의 손에는 오직 현재와 미래만이 있을 뿐이다. 현재에 선을 행하면 보상을 받을 것이다. 우리는 기꺼이 선업을 지어야 하고, 악업을 참회해야 한다.

그러므로 우리의 마음이 깨끗해지고 비젼이 거룩하게 되고 업이 위대하게 되도록 하자. 모든 사람에게 최선을 빌어 주며 말로 다정하게 이야기하자. 우리가 모든 사람에게 좋은 것을 원하면 좋은 일이 일어날 것이다. 우리가 악한 것을 원하면 악한 것이 우리에게 만들어질 것이다.[1] 자신이 뿌린 대로 거두는 것이다.[2] 어떤 사람도 다른 사람의 선한 행위나 악한 행위를 상속받지 않는다. 열매는 행동과 같은 품질이다.[3]

2) 윤회(輪廻)

윤회는 하나의 생명체에서 다른 생명체로 영혼과 같은 것이 다시 태어난다는 것을 의미하는 재생의 수레바퀴이다.

---

1) 악인악과(惡因惡果)를 말한다. 악한 업을 지으면 악한 과보를 받는다. 반대로 선한 업을 지으면 선한 과보를 받는다[선인선과, 善因善果].
2) 자업자득(自業自得) 또는 자작자수(自作自受)를 의미한다.
3) 열매는 과보(果報)를 의미하고, 행동은 업(業)을 의미한다. 업이 선(善)하면 그 과보도 선하고, 업이 악(惡)하면 그 과보도 악하다.

It is a continuous[1] cycle of birth, death and rebirth. People may be reincarnated[2] at a higher or lower level of existence depending on their karma. People may be reborn as animals or they may be elevated to a higher caste as a human. Buddhists do not believe that death is the end of life. When one dies, one's consciousness leaves and enters one of the six paths of rebirth: Heavenly beings, Humans, Animals, Asuras[3], Hungry ghosts[4], Hell-beings.

These are the six states on the wheel of life. At the top are the heavens, where everyone is happy. At the bottom are the hells where the suffering is unbearable. Beings can rise or fall from one path to another. If one does good deeds, one will be born into the paths of gods, humans, or asuras.

---

1) continuous [kəntínjuəs]: (시간·공간적으로) 연속[계속]적인, 끊이지 않는, 부단한. continuous 는 느낌상 멈추지 않고 계속 지속되는 상태를 얘기할 때 쓰이는 단어이다. e.g.) continuous flow of water (멈추지 않고 계속 흐르는 물). continual은 continuous와 비슷하지만 중간에 '멈춤'이 있다. e.g.) the continual pain (고통이 생겼다가 사라졌다가 반복되는 걸 의미한다). continued 는 '지속된'이라는 의미로 과거부터 지금까지 이어져 온 것을 의미한다. e.g.) Thank you for your continued support (당신의 지속된 지지에 감사합니다). a continuing fight라고 하면 싸움이 미래 까지 지속된다는 의미가 포함되어 있다. 그에 반해, a continued fight은 지금까지 (아니면 특정한 시간까지) 지속되어 온 싸움이지만 미래까지 이어질 거라는 의미가 크게 있지 않다.

2) reincarnate [rì:inká:rneit]: ~에 다시 육체를 부여하다, 화신(化身)시키다, 환생시키다.

3) Asura: 아수라. 싸우기를 좋아하는 천신.

4) Hungry ghosts: 아귀. 늘 굶주림으로 고통 받고 있는 존재.

그것은 출생, 죽음, 재생의 연속적인 순환이다. 사람들은 자신의 업에 따라 더 높거나 낮은 수준의 존재로 재생할 수도 있다. 사람은 동물로 다시 태어나거나 더 높은 계급으로서의 인간[1]으로 올라갈 수 있다. 불교도들은 죽음이 삶의 끝이라고 믿지 않는다. 사람이 죽으면 의식이 떠나서 육도(천, 인, 아수라, 축생, 배고픈 귀신, 지옥) 중 하나에 들어간다.[2]

　　육도는 생명의 수레바퀴에 있는 여섯 가지 상태이다. 정상에는 천상이 있어 여기서는 모두가 행복하다. 아래에는 지옥이 있어 여기서는 견딜 수 없는 고통이 있다. 중생은 한 경로에서 다른 경로로 오르거나 내릴 수 있다. 선행을 하면 천상도, 인간도, 아수라도에 태어난다.

---

1) 붓다 당시 인도에서는 4계급이 있었다. 브라흐민 사제 계급, 크샤트리아 왕족 계급, 바이샤 평민 계급, 수드라 천민 계급. 이들 4가지 계급에도 속하지 않는 불가촉천민이 있었다. 현재에도 인도에선 4계급이 존속하고 있지만 과거에 비해 약화되고 있다. 사람으로 태어날 경우 선업을 많이 지은 사람은 상류 계급으로 태어날 수 있다.
2) 사람이 죽는 순간의 의식을 임종의식이라 하고, 다시 태어나는 순간의 의식을 재생의식이라 한다. 임종의식은 재생의식에게 지대한 영향을 준다.

If one does evil deeds, one will be born into the paths of animals, hungry ghosts, or hell-beings. From one life to the next one can change from an human to an animal or from a ghost to a hell-being, according to the things one has done.

The wheel of life and death is kept turning by the three poisons of greed, hatred, and stupidity. By cutting off[1] the three poisons, we can escape the wheel and become enlightened. The cycle of birth and death exists with the support of karma. If there is no karma there is no cycle of birth and death. Karma binds the living being to the cycle of birth and death.

Karma means that our past actions affect[2] us, either positively or negatively, and that what we do in the present time will affect us in the future. This means we should behave well now if we want to be happier in the future. Actions have consequences[3] for good or ill. If people make good decisions they will be happier and have more peace of mind.

---

1) cut off: 중지하다; ~을 베어내다, 삭제하다, 표면에서 떨어지도록 잘라내다. e.g.) I cut off the branch (나는 가지를 자른다). cut out은 안에 있던 내용물을 잘라 밖으로 보내는 것이다. e.g.) I cut out the rotten part (나는 썩은 부분을 도려 낸다). cut down은 잘라 쓰러뜨린다는 의미이다. I cut down the tree (나는 나무를 베어 쓰러뜨린다). 그리고 여기서 파생되어 cut down은 줄이다라는 의미가 생긴다. e.g.) I cut down the shirt (나는 셔츠를 줄인다).

2) affect [əfékt]: ~에게 영향을 주다, ~에게 악영향을 미치다. e.g.) This will affect our business. 이것은 우리 사업에 영향을 줄 것이다.

3) consequence [kάnsikwèns]: 결과, 결말.

악행을 하면 짐승의 길, 배고픈 귀신의 길, 지옥의 길로 태어난다. 한 생에서 다음 생으로 자신이 행한 일에 따라 사람에서 짐승으로, 아귀에서 지옥으로 변할 수 있다.

탐욕, 미움, 어리석음의 삼독이 생사의 수레바퀴를 돌리고 있다. 삼독을 끊어내면 수레바퀴를 벗어나 깨달음을 얻을 수 있다. 생사의 순환은 업의 지원으로 존재한다. 업이 없으면 생사의 순환은 없다. 업은 중생을 출생과 죽음의 순환[1]에 묶어 둔다.

업은 과거의 행동이 긍정적이든 부정적이든 우리에게 영향을 미치고 현재 하는 일이 미래에 영향을 미친다는 것을 의미한다. 이것은 우리가 미래에 더 행복하기를 원한다면 지금 잘 행동해야 한다는 것을 의미한다. 업은 좋든 나쁘든 결과를 낳는다. 사람들이 좋은 결정을 내린다면 더 행복해지고 마음의 평화가 더욱 생길 것이다.

---

1) 출생과 죽음의 순환은 윤회를 의미한다. 출생과 죽음 즉 생사가 반복되는 것을 윤회라고 한다.

Buddhists believe that our death is not the end. After we die, we are likely to[1] be reborn in this world and face[2] the same kind of suffering as in the past life. A living being is 'reborn' as another living being after death. This cycle of dying and being re-born continues until enlightenment is reached. If people live an amazingly good, wise and moral life, they may escape this cycle and reach Nirvana[3]. The ultimate goal of a Buddhist is to find Nirvana (enlightenment) which places us beyond endless reincarnation[4] and suffering.

---

1) be likely to : ~할 거 같다, ~할 가능성이 있다. 미래에 어떤 일이 일어날 가능성이 있을 때에는 형용사 likely를 쓰고, 일어날 가능성이 거의 없을 때에는 형용사 unlikley를 쓴다.
2) face [feis]: ~을 직면하다.
3) nirvana: 열반(涅槃).
4) reincarnation [riːɪnkɑːrˈneɪʃn]: 다시 육체를 부여함, 화신(化身), 재생, 환생. 불교에선 reincarnation이라는 용어 보다도 rebirth(재생)가 더 선호된다.

불교도들은 우리의 죽음이 끝이 아니라고 믿는다. 우리는 죽고 나면 이 세상에 다시 태어나고 전생에서와 같은 종류의 고통을 겪게 될 것이다. 한 생명체는 사후 다른 생명체로 다시 태어나게 된다. 죽고 다시 태어나는 이 순환은 깨달음에 이르기까지 지속된다. 사람들이 놀랍도록 훌륭하고 현명하고 도덕적인 삶을 산다면 이 순환을 벗어나 열반[1]에 이를 수 있다. 불교도의 궁극적인 목표는 우리의 끝없는 환생과 고통 너머에 있는 열반(깨달음)을 찾는 것이다.

---

1) 열반은 생사의 영역에서 벗어난 것을 의미한다. 윤회에 머무는 중생은 생사를 반복하면서 고통스러운 삶을 살게 되는데 비해 열반은 생사의 고통에서 벗어나 있어 가장 행복한 곳이다. 열반을 정각이라고 보는 견해도 있다.

3. The Four Noble Truths

Dharma means the teaching of the Buddha. What is the basis of the Buddha's teaching? It is the Four Noble[1] Truths[2]. They are:

① The Noble Truth of Suffering (Dukkha)[3]

② The Noble Truth of the Cause of Suffering[4]

③ The Noble Truth of the End of Suffering[5]

④ The Noble Truth of the Path Leading to the End of Suffering[6]

When we get sick, we go to a doctor. A good doctor first finds out[7] what illness we have. Next he finds out what has caused it. Then he decides what the cure is.

---

1) noble ['noʊbl]: 고결한, 고귀한, 숭고한.
2) The Four Noble Truths: 사성제.
3) The Noble Truth of the Suffering: 고성제.
4) The Noble Truth of the Cause of Suffering: 고집성제.
5) The Noble Truth of the End of Suffering: 고멸성제.
6) The Noble Truth of the Path leading to the End of Suffering: 고멸도성제.
7) find out: 발견하다 (discover).

3. 사성제(四聖諦)

법은 붓다의 가르침을 의미한다. 붓다의 가르침의 근본은 무엇인가? 그것은 사성제이다. 그것들은 다음과 같다.

① 고성제(苦聖諦)
② 고집성제(苦集聖諦)
③ 고멸성제(苦滅聖諦)
④ 고멸도성제(苦滅道聖諦)

우리가 아플 때, 우리는 의사를 찾아간다. 좋은 의사는 우선 우리가 어떤 질병을 가지고 있는 지를 찾아낸다. 그다음 그는 무엇이 그 질병을 초래했는지 찾아낸다. 그리고 그는 어떤 상태로 치료가 될 것인지를 결정하게 된다.

Finally, he prescribes[1] the medicine that will make us well again.

In the same way[2], the Buddha showed that there is suffering in the world. He explained the cause of this suffering. He taught that this suffering could be ended. Finally, he showed the way leading to the end of suffering. This is the Four Noble Truths. Look at the Table below to see the connection between a good doctor and the Buddha.

A Good Doctor tells us	The Buddha tells us the Truth about
What is wrong with us	The presence[3] of suffering
What is the cause of our illness	The cause of suffering
That there is a cure	The end of suffering
What we have to do to get well	The way to end suffering

1) The Noble Truth of Suffering (Dukkha)

The Buddha's discovery of the solution to the problem of suffering begins with the recognition that life is suffering. This is the first of the Four Noble Truths.

---

1) prescribe [prɪˈskraɪb]: 처방을 내리다, 처방하다; 처방전을 쓰다.
2) in the same way: 같은 방식으로, 마찬가지로,

마지막으로 그는 우리를 다시 건강하게 만드는 약을 처방한다.

마찬가지로, 붓다는 세상에 고통이 있음을 보여주었다. 그는 이 고통의 원인을 설명하였다. 그는 이 고통이 끝날 수 있음을 가르쳤다. 마지막으로, 그는 고통의 소멸에 이르는 길을 보여주었다. 이것이 네 가지 성스러운 진리이다. 좋은 의사와 붓다 간의 연결성을 보기 위해 아래 표를 보시오.

훌륭한 의사는 우리에게 말한다	붓다는 우리에게 다음에 관한 진실을 말한다
우리에게 무슨 문제가 있는지를	고통의 존재
우리의 질병의 원인이 무엇인지를	고통의 원인
치유가 된다는 것을	고통의 소멸
우리가 건강하기 위해 무엇을 해야할 지를	고통을 소멸하는 길

1) 고성제(苦聖諦)

고통의 문제 해결에 대한 붓다의 발견은 삶은 고통이라는 인식과 더불어 시작한다. 이것은 사성제 중 첫 번째이다.

If people examine their own experiences or look at the world around them, they will see that life is full of suffering or unhappiness.

Natural disasters[1], such as earthquakes, floods[2] or famine[3], can cause a lot of suffering to people. People also have to face hardship caused by war and social injustice. These problems are unwanted. People try their best[4] to avoid[5] them and to be free from them. Suffering may be physical or mental.

(1) Physical suffering

Physical suffering takes many forms. People must have observed at one time or another, how their aged relatives suffer. Most of them suffer aches and pains in their joints and many find it hard to move about by themselves. With advancing age, the elderly find life difficult because they cannot see, hear or eat properly. The pain of disease, which strikes[6] young and old alike,[7] can be unbearable.

---

1) disaster [dizæstər]:참사, 재난, 재해. (catastrophe)
2) flood [flʌd]: 홍수.
3) famine ['fæmɪn]: 기근.
4) try one's best: 최선을 다하다. 최선을 시도하다.
5) avoid [əˈvɔɪd]:. 방지하다, 막다, 모면하다, 회피하다, 피하다.
6) strike [straik]: (재난 질병 등이 갑자기) 발생하다[덮치다].
7) A and B alike: A와 B 모두.

만약 사람들이 그들 자신의 경험을 조사하거나 그들을 둘러싸고 있는 세상을 들여다본다면, 삶은 고통이나 불행으로 가득 차 있다는 것을 보게 될 것이다.

자연재해, 예를 들어 지진이나 홍수, 기근과 같은 것들은 사람들에게 많은 고통을 초래할 수 있다. 사람들은 또한 전쟁이나 사회적 부정의 등으로 인해 발생한 고난에 직면해야 한다. 이러한 문제들은 누구도 원하지 않는다. 사람들은 그들 스스로 최선을 다하여 문제들을 피하고 그것들로부터 자유로워지려고 한다. 고통은 신체적인 것이나 정신적인 것이다.

(1) 신체적 고통

신체적인 고통은 많은 형태를 취한다. 사람들은 나이든 친척들이 어떻게 고통을 겪는지를 한두 번 목격하였음에 틀림없다. 그들의 대부분은 관절의 통증이나 고통에 시달리고 많은 사람들이 그들 스스로 움직이는 것이 힘든다라고 생각한다. 나이가 들면서, 노인들은 삶은 어렵다고 생각한다. 왜냐하면 그들은 적절히 보고, 듣고, 먹을 수 없기 때문이다. 젊은이나 늙은이나 할 것 없이 괴롭히는 질병의 고통은 참을 수 없다.

The pain of death brings much suffering. Even the moment of birth gives pain, both to the mother and the child who is born. The truth is that the sufferings of birth, old age, sickness and death are unavoidable.

Some fortunate people may now be enjoying happy and care-free lives, but it is only a matter of time[1] before they too will experience suffering. What is worse[2], nobody else can share[3] this suffering with the one that suffers. For example,[4] a man may be very concerned that his mother is growing old. Yet he cannot take her place[5] and suffer the pains of aging on her behalf[6]. Also, if a boy falls very ill, his mother cannot experience the discomfort of his illness for him. Finally, neither[7] mother nor son can help each other when the moment of death comes.

---

1) a matter of time: (곧 일어나게 될) 시간의 문제.
2) what is worse: 더 좋지 않은 것은, 설상가상으로.
3) share with : ~와 공유하다.
4) for example: 예를 들면.
5) take one's place: ~을 대신하다.
6) on one's behalf: ~의 대신으로, ~을 위하여 e.g.) Don't be uneasy on my behalf. (나를 위하여 걱정은 말아 주시오).
7) neither A nor B: A도 B도 아니다.

죽음의 고통은 더 많은 고통을 가져온다. 심지어 태어나는 순간도 산모와 태어나는 아이 모두에게 고통을 준다. 진실인즉, 생, 노, 병, 사의 고통은 피할 수 없다는 것이다.

몇몇 운 좋은 사람들은 지금 행복과 근심 없는 삶을 즐길지도 모른다. 그러나 그들도 고통을 겪게 되는 것은 시간의 문제일 뿐이다. 더 좋지 않은 것은, 어느 누구도 고통을 고통받는 자와 함께 공유할 수 없다는 것이다. 예를 들면, 어떤 사람이 그의 어머니가 늙어가는 것에 대해 매우 걱정할 수 있다. 그러나 그는 그녀를 대신할 수 없다. 그리고 그녀를 위하여 노화의 고통에 시달릴 수 없다. 또한, 아들이 매우 심각한 질병에 걸렸을 때, 그의 어머니는 아들의 질병의 불편함을 그를 위해 대신 경험해 줄 수 없다. 마지막으로, 어머니나 아들 둘 다 죽음의 순간이 다가왔을 때 서로를 도울 수 없다.

(2) Mental suffering

Besides physical suffering, there are also various forms of mental suffering. People feel sad, lonely or depressed when they lose someone they love through separation or death. They become irritated[1] or uncomfortable when they are forced to[2] be in the company of those whom they dislike or those who are unpleasant.

People also suffer when they are unable to satisfy their needs and wants.[3] Teenagers, for example, feel frustrated[4] and angry if their parents refuse to let them go to a late-night party or spend large sums[5] of money on expensive fashionable clothing or toys. Adults, on the other hand, may be unhappy if they are unable to gain wealth, power or fame.

---

1) irritated [ɪrɪteɪtɪd]: 짜증[화]이 난.
2) be forced to: 강제로 ~하게 되다.
3) People----wants: 구부득고(求不得苦).
4) frustrated [frʌstreɪtɪd]: 좌절감을 느끼는, 불만스러워 하는.
5) sum [sʌm]: 합계, 총계, 총합.

(2) 정신적 고통

신체적인 고통 외에도, 다양한 형태의 정신적 고통이 존재한다. 자신들이 사랑하는 누군가를 이별이나 죽음으로 잃었을 때, 사람들은 슬픔, 외로움 또는 우울함을 느낀다.[1] 자신이 싫어하거나 불쾌한 사람과 함께 있기를 강요받았을 때, 그들은 짜증이 나거나 불편한 상태가 된다.[2]

자신들의 필요나 원하는 바를 충족하지 못할 때, 사람들은 또한 고통에 시달린다.[3] 예를 들어 보면 만약 십대들은 그들의 부모님이 그들이 늦은 시간에 파티에 가거나 많은 금액의 돈을 유행하는 비싼 옷이나 장난감에 소비하는 것을 거부했을 때 그들은 좌절감과 분노를 느낀다. 다른 한편으로, 만약 성인들이 부, 권력, 또는 명성을 얻는 것이 불가능할 때, 그들은 불행하게 될 수 있다.

---

1) 사랑하는 사람이나 애착하는 물건을 잃게 될 때 느끼는 고통을 애별이고(愛別離苦)라고 한다.
2) 싫어하는 사람이나 불쾌감을 안겨다 주는 것을 만나게 될 때 느끼는 고통을 원증회고(怨憎會苦)라고 한다.
3) 소망하던 것을 얻지 못할 때 발생하는 고통을 구부득고(求不得苦)라고 한다.

2) The Noble Truth of the Cause of Suffering

The cause of suffering is desire based on greed and selfishness. The Buddha saw that the cause of suffering is selfish desire and greed. People want all kinds of things and want to keep them forever. However, greed is endless, like a bottomless pit that can never be filled. The more[1] you want, the more unhappy life is. Thus, our limitless[2] wants and desires are the cause of our suffering.

Many children who have had a taste for chocolate will keep asking for[3] more. When they do not get it, they will feel upset[4] or even angry. Although they know that eating too much chocolate may cause them to have a bad stomach or toothache, they still want more. The things we want most can cause us the most suffering.

---

1) the 비교급 ~ the 비교급: 하면 할수록 ~ 하다.
2) limitless [limitləs]: 끝이 없는, 무한한 (infinite).
3) ask for: 요청하다, 요구하다.
4) upset ['ʌpset]: 속상한, 마음이 상한, 뒤집힌, 전도한; 맞고 쓰러진.

2) 고집성제(苦集聖諦)

고통의 원인은 탐욕과 이기주의에 근간을 둔 욕망에 있다. 붓다는 고통의 원인을 이기적 욕망[1]과 탐욕이라고 보았다. 사람들은 모든 종류의 것들을 바라고 그것들을 영원히 소유하기를 원한다. 그러나 마치 결코 채워지지 않는 밑빠진 독과 같이, 탐욕은 끝이 없다. 당신이 더 많이 원할수록 삶이 더 불행해진다. 그러므로 우리의 무한한 바램과 욕망은 우리의 고통의 원인이 된다.

초콜릿을 맛본 많은 아이들은 더 달라고 계속 요청할 것이다. 그들이 그것을 얻지 못했을 때, 그들은 언짢아하거나 심지어 화를 낼 것이다. 비록 너무 많은 초콜릿을 먹는 것이 그들에게 심한 복통과 치통을 유발할지도 모른다는 것을 알지라도, 아이들은 여전히 더 원한다. 우리가 가장 원하는 것이 우리에게 가장 큰 고통을 초래할 수 있다.

---

1) 이기적인 사욕은 이타적인 대원 (大願, great vow)과 대조된다.

3) The Noble Truth of the End of Suffering

To end suffering, selfish desire must be removed. Just as[1] a fire dies when no fuel is added, so unhappiness will end when the fuel of selfish desire is removed. When selfish desire is completely removed, there will be no more suffering. Our mind will be in a state of perfect peace. We shall be happy always. Buddhists call the state in which all suffering is ended Nirvana. It is an everlasting[2] state of great joy and peace. It is the greatest happiness[3] in life.

4) The Noble Truth of the Path Leading to the End of Suffering

The way to end suffering is to follow the Noble Eightfold Path[4]. The Noble Eightfold Path taught by the Buddha is like the raft[5]. It would take us from the suffering of this shore to the other shore of no suffering.

---

1) Just as A, so B: 마치 A가 ~하는 것처럼 B도 ~할 것이다.
2) everlasting [,evər'læstɪŋ]: 영원한, 변치 않는, 끊임없는, 오래 계속되는.
3) greatest happiness: 최고의 행복, 극락. 열반의 긍정적 표현.
4) Noble Eightfold Path: 팔성도(八聖道). 단수의 길로 8가지로 하나의 길이 완성됨. 8개의 길이 존재하는 것은 아님.
5) raft [ræft]: 뗏목.

3) 고멸성제(苦滅聖諦)

고통을 끝내기 위해서 이기적인 욕망은 반드시 제거되어야 한다. 마치 연료가 추가되지 않을 때 불이 꺼지는 것처럼, 이기적 욕망이라는 연료가 제거되면 불행은 끝날 것이다. 이기적인 욕망이 완전히 제거될 때, 더 이상의 고통은 없을 것이다. 우리의 마음은 완전한 평화의 상태에 있을 것이다. 우리는 언제나 행복할 것이다. 불자들은 모든 고통이 제거된 이 상태를 열반[1]이라고 부른다. 그것은 위대한 즐거움과 평화의 영구적인 상태이다. 그것은 삶에서 최고의 행복이다.

4) 고멸도성제(苦滅道聖諦)

고통의 종식에 이르는 길은 8성도[2]를 따르는 것이다. 붓다가 가르친 8성도는 뗏목과 같다. 뗏목은 차안의 고통에서 고통없는 피안으로 우리를 데려다 준다.

---

1) 열반(Nirvana): 三火(탐, 진, 치)가 제거된 시원한(cool)한 상태를 말한다.
2) 8성도(八聖道)는 우리나라에선 8정도(八正道)로 더 알려져 있다. 팔리어 원문에 의하면 8성도이다. 아마도 8개 항목이 정(正)으로 시작하기 때문에 외우기 쉽게 8정도라고 한 것 같다.

① Right Understanding means to have a correct understanding of oneself and the world. Although we may have our own view of the world, it may not always be right. If we understand things as they really are, we would be able to live a happier and more meaningful life. For example, students who understand that it is to their own benefit to learn would work hard to learn more and do better. When they do well, everyone will be happy, including their parents and teachers.

② Right Thought means to think in the right way. Those who[1] harbour[2] thoughts of greed and anger will easily get into trouble. But if we think correctly, we would end up[3] doing the right things. For example[4], if students harbour the right thoughts, they will know that being lazy may make them fail in exams. This would mean spending another year doing the same things. So they would decide to work hard rather than be grumpy about[5] schoolwork.

---

1) those who: ~하는 사람들(people)
2) harbour [hɑːrbə(r)]: (특히 좋지 않은 감정을 오랫동안 마음속에) 품다.
3) end up: 결국~하게 되다.
4) for example: 예를 들면.
5) grumpy about: ~에 대해 투덜거리는, 투정부리는, 팩팩거리는.

① 정견은 자기자신과 세상에 대해 바른 이해를 가지는 것을 의미한다.[1] 비록 우리는 세상에 대한 우리 자신만의 견해를 가지고 있지만, 그것이 항상 옳지만은 않다. 만약 우리가 사물을 있는 그대로 이해하면, 우리는 더 행복하고 더욱 의미 있는 삶을 살 수 있을 것이다. 예를 들면, 배우는 것이 그들 자신에게 이익이 된다는 것을 이해한 학생들은 더 많이 배우고 더 잘하기 위해서 열심히 공부할 것이다. 그들이 잘 했을 때, 그들의 부모님과 선생님을 포함해서, 모두는 행복할 것이다.

② 정사는 바른 방식으로 생각하는 것을 의미한다.[2] 탐욕과 분노의 생각을 품은 사람들은 쉽게 어려움에 빠지게 된다. 하지만 우리가 바르게 생각한다면, 우리는 결국 올바른 일을 해낼 것이다. 예를 들면, 학생들이 바른 생각을 품는다면, 그들이 게으름을 피우면 그들이 시험에서 떨어지게 될 것을 알게 될 것이다. 이것은 같은 일을 하면서 또 한 해를 보낸다는 것을 의미한다. 그러므로 그들은 학업에 불평하는 것보다 더 열심히 공부하기로 결심할 것이다.

---

1) 정견(正見)은 바른 인생관, 세계관을 갖추는 것, 업보와 윤회를 받아들이는 것.
2) 정사(正思)는 선한 일을 행하고자 하는 의지, 의도.

③ Right Speech[1] means to avoid lying, tale telling[2], gossiping[3], backbiting[4], idle talk[5] and harsh words[6]. Harsh words can wound more deeply than weapons, while gentle words can change the heart of a hardened[7] criminal. This shows the effect on others in the way we speak. The Buddha said, "Pleasant speech is as sweet as honey; truthful speech is beautiful like a flower; and wrong speech is unwholesome[8] like filth[9]." Therefore, we should speak words that are truthful, meaningful and with good will.

④ Right Action[10] means not to harm or destroy[11] any life, not to steal and not to use sex in a harmful way.

---

1) Right Speech: 정어(正語).
2) tale-telling [teil-tèliŋ]: 남의 비밀을 퍼뜨리는 이야기.
3) gossip ['ɡɑːsɪp]: 험담을 하다, (남의 사생활에 대한 좋지 않은) 소문, 험담.
4) backbiting ['bækbaitiŋ]: 뒷담화, 뒤에서 욕하기.
5) idle talk: 쓸데없는 이야기. 부질없는 이야기.
6) harsh words : 거친 말, 욕설, 악구(惡口).
7) hardened [hɑ́ːrdnd]: 굳어진, 철면피한, 무정[냉담]한; 무감각한.
8) unwholesome [unwholesome]: 건강에 안 좋은; 건강해 보이지 않는, 불건전한, 유해한.
9) filth [filθ]: 오물, (아주 더러운) 쓰레기.
10) Right Action: 정업(正業): 올바로 행동하는 것.
11) destroy [distrɔi]: 파괴하다, 말살하다, (아프거나 원치 않는 동물을) 죽이다, 살처분하다.

③ 정어는 거짓말, 비밀 퍼뜨리기, 험담, 뒷담화, 쓸데없는 이야기, 기타 고 거친 말들을 피하는 것을 의미한다. 거친 말은 무기보다 더 깊은 상처를 줄 수 있다. 반면에 부드러운 말은 단단히 굳은 범죄자의 마음도 변화시킬 수 있다. 이것은 우리의 말하는 방식이 다른 사람에게 미치는 영향을 보여준다. 붓다는 말했다. "즐거운 말은 꿀처럼 달콤하고; 진실된 말은 꽃과 같이 아름다우며; 거짓된 말은 오물처럼 악하다." 그러므로 우리는 진실되고, 의미있고, 그리고 좋은 의도로 말을 해야 한다.

④ 정업은 어떤 생명이든 해를 끼치거나 죽이지 않고, 도둑질하지 않고 그리고 성을 해로운 방식으로 사용하지 않는 것을 의미한다.

⑤ Right Livelihood[1] means not to live on work that would in any way bring harm to living beings. Buddhists are discouraged from[2] engaging in the following five kinds of livelihood[3]: trading people, weapons, animals for slaughter,[4] intoxicating drinks and drugs. The Buddha said, "Do not earn your living by harming others. Do not seek happiness by making others unhappy."

⑥ Right Effort[5] means to do our best to become a better person. Examples of this are to work hard at school and to drop bad habits such as laziness, quick temper[6], smoking and drugs.

⑦ Right Mindfulness[7] means to be always aware and attentive. We should always be aware of what we think, say and do. We must pay attention to[8] everything we do before we can do it well. For instance[9], if we are mindful in class, we would not miss anything a teacher says.

---

1) Right Livelihood: 정명(正命): 올바로 목숨을 유지하는 바른 직업, 생계수단.
2) be discouraged from: ~하지 않도록 장려되다.
3) livelihood ['laɪvlihʊd]: 생계 수단.
4) slaughter [slɔːtə(r)]: (가축의) 도살, (특히 전쟁에서의) 대량 학살, 살육.
5) Right Effort: 정정진(正精進), 바른 노력.
6) temper ['tempə(r)]: (걸핏하면 화를 내는) 성질, 성미. e.g.) quick temper(화 잘내는 급한 성질).
7) Right Mindfulness: 정념(正念): 올바로 기억하고 관찰하는 것.
8) pay attention to: ~에 주의하다.
9) for instance: 예를 들면.

⑤ 정명[1]은 어떤 식으로든 살아있는 존재에게 해를 끼치는 일에 의존하며 살지 않는 것을 의미한다. 불자들에게는 다음의 다섯 종류의 생계방식에 종사하는 것이 장려되지 않는다: 인신매매, 무기 거래, 도살용 동물 매매, 취하게 하는 술과 마약을 거래하는 것. 붓다는 말했다. "타인을 해치면서 돈벌이를 하지 마라. 타인을 불행하게 하면서 행복을 찾지 마라."

⑥ 정정진[2]은 우리가 더 나은 사람이 되기 위해 최선을 다하는 것을 의미한다. 이것의 예시로는 학교에서 열심히 공부하고, 게으름이나 급한 성질, 흡연과 마약과 같은 나쁜 습관을 버리는 것이다.

⑦ 정념(正念)은 항상 알아차리고 주의를 기울이는 것을 의미한다. 우리는 자신이 무엇을 생각하고, 말하고 행동하는지 항상 알아차리고 있어야 한다. 우리는 무엇인가를 잘하기 전에 반드시 우리가 하는 그것에 주의를 두어야 한다. 예를 들면, 우리가 수업에 주의를 기울인다면 우리는 선생님이 말씀하시는 어떤 것도 놓치지 않을 것이다.

---

1) 정명(正命)은 바른 생계 수단 즉 직업을 갖는 것이다. 벌이 꽃에서 꿀을 모우듯이 돈을 벌라고 가르치고 있다. 벌이 꽃에 피해를 주지 않고 수분을 돕듯이 다른 생명체에게 피해 주지 않고 도움이 되도록 돈을 벌어야 한다.
2) 정정진(正精進)은 악행을 하지 않고 선행을 하려고 노력하는 것이다.

⑧ Right Concentration[1] means to keep the mind steady and calm in order to[2] see clearly the true nature of things[3]. This type of mental practice can make us become more understanding and a happier person.

The Noble Eightfold Path can help us prevent[4] problems or deal with any problems we may come across[5] in our daily life. If we follow it, we are on the way to less suffering and more happiness. Paths ① and ②, representing wisdom, are like the body of Buddhism. Paths ③ ④ ⑤ representing morality, are like one leg of Buddhism. Paths ⑥ ⑦ ⑧ representing concentration, are like the other leg.

---

1) Right Concentration: 정정(正定).
2) in order to: ~하기 위해서.
3) to see clearly the true nature of things: 여실지견.
4) prevent [privent]: (~하는 것을) 막다, 예방하다. 방지하다.
5) come across: 우연히 만나다 (meet by chance).

⑧ 정정은 진정한 사물의 본성을 명확히 보기 위해 마음을 안정되게 차분하게 유지하는 것을 의미한다. 이러한 종류의 정신수행은 우리를 조금 더 이해력 있고 행복한 사람으로 만들 수 있다.

팔성도는 우리가 문제를 예방하고 일상생활에서 우연히 마주칠 수 있는 문제를 다룰 수 있도록 도울 수 있다. 우리가 팔성도를 따른다면, 우리는 조금 덜 고통받고 더 행복해질 수 있는 길 위에 있게 된다. 지혜를 대표하는 ① ②는 불교의 몸통과 같다. 윤리를 대표하는 ③ ④ ⑤는 불교의 한쪽 다리와 같다. 선정을 대표하는 ⑥ ⑦ ⑧은 불교의 또다른 한쪽 다리와 같다.[1]

---

1) 8성도는 삼학 즉 계학(戒學)·정학(定學)·혜학(慧學)으로 세분할 수 있다. 정어·정법·정명은 계학에, 정정진·정념·정정은 정학에, 정견·정사는 혜학에 들어갈 수 있다. 8성도는 삼학을 갖추고 있으므로 불교에서 가장 체계적인 실천 수행법이다.

4. Loving-kindness(metta) Meditation

The Buddha advised people to be loving and kind to all living beings. Loving-kindness(metta) is an important foundation for the development of other pure states of mind. When we love or care about[1] a person or an animal, we then naturally feel compassion[2] towards her or him if (s)he is suffering.

May I be free from[3] enmity[4] and danger.

May I be free from mental suffering.

May I be free from physical suffering.

May I take care of myself happily.

---

1) care about: ~에 마음을 쓰다, ~에 신경을 쓰다. e.g.). He says he doesn't care about what the critics write, but I know different. (그는 평론가들이 뭐라고 쓰든 신경 쓰지 않는다고 말하지만 내가 알기론 그렇지 않다). take care of: 돌보다. care for: 돌보다, 좋아하다.

2) compassion [kəmpǽʃən]: 불쌍히 여김, 동정심. karuna(悲)의 영어 번역이다. 타인의 고통을 공감하고 구제하려는 마음 상태이다.

3) be free from: 종속되지 않는(not subject to), 자유로운. e.g.) free from oppression 압박에 굴복하지 않는, 압박으로부터 자유로운. free of: 포함하지 않는, 없는. e.g.) This food is free of MSG. (이 음식에는 MSG가 없다).

4) enmity [énməti]: 증오, 적의; 불화, 반목. e.g.) have [harbor] enmity against (~에게 적의를 품다).

4. 자애(慈愛)명상

　붓다는 사람들에게 모든 중생을 사랑하고 친절하라고 조언했다. 자애 (metta)는 다른 순수한 마음 상태[1]의 개발을 위한 중요한 기초이다. 우리가 사람이나 동물을 사랑하거나 신경을 쓸 때, 우리는 사람이나 동물이 고통을 겪고 있다면 자연스럽게 그들에 대한 자비심을 느낀다.

　제가 적의와 위험에서 벗어나게 하소서.
　제가 정신적 고통에서 벗어나게 하소서.
　제가 육체적 고통에서 벗어나게 하소서.
　제가 행복하게 나 자신을 돌볼 수 있게 하소서.

---

1) 4무량심 중 첫번째로 나머지 3가지 덕목의 기초가 된다. 4무량심은 자(慈)·비(悲)·희(喜)·사(捨)를 의미한다

May my parents, teachers, relatives, friends and fellow Dharma farers[1]

    be free from enmity and danger

    be free from mental suffering

    be free from physical suffering.

May they take care of themselves happily.

May all monks in this compound, novice monks[2], laymen and laywomen disciples[3]

    be free from enmity and danger

    be free from mental suffering

    be free from physical suffering.

May they take care of themselves happily.

May our donors[4] of four supports[5]: clothing, food, medicine, lodging

    be free from enmity and danger

    be free from mental suffering

---

1) fellow Dharma farers: 법우(法友).

2) novice monks: 사미(沙彌).

3) laymen and laywomen disciples: 재가 남자신도(우바새)와 재가 여자신도(우바이).

4) donors: 보시하는 사람. 보시자.

5) four supports: four requisites, four necessities (四事供養).

나의 부모님, 선생님, 친척, 친구 그리고 도반이

　　적의와 위험에서 벗어나게 하소서,

　　정신적 고통에서 벗어나게 하소서,

　　육체적 고통에서 벗어나게 하소서.

그들이 행복하게 자신을 돌볼 수 있게 하소서.

이 경내의 모든 스님들, 사미 스님들, 재가 남성 신도, 재가 여성 신도[1]가

　　적의와 위험에서 벗어나게 하소서,

　　정신적 고통에서 벗어나게 하소서,

　　육체적 고통에서 벗어나게 하소서.

그들이 행복하게 자신을 돌볼 수 있게 하소서.

의복, 음식, 약, 숙소의 네 가지[2]를 보시하는 사람들이

　　적의와 위험에서 벗어나게 하소서,

　　정신적 고통에서 벗어나게 하소서,

---

1) 사미는 구족계를 아직 받지 못한 예비 스님이다. 재가 남성 신도는 우바새라고 부르고, 재가 여성
   신도는 우바이라고 부른다.
2) 출가 수행자가 의지해야 할 기본적인 네 가지 생활 양식 즉 사의지(四依止)를 돕는 것을 말한다.
   사의지란, 분소의(糞掃衣), 발우, 깔개, 부란약(腐爛藥)이다.

be free from physical suffering.

May they take care of themselves happily.

May guardian deities (devas)[1] in this monastery, in this dwelling, in this compound

    be free from enmity and danger

    be free from mental suffering

    be free from physical suffering.

May they take care of themselves happily.

May all beings, all breathing things, all creatures, all individuals, all personalities.

May all females, all males, all noble ones, all worldlings[2], all deities, all humans, all those in woeful planes[3]

    be free from enmity and danger

    be free from mental suffering

    be free from physical suffering.

May they take care of themselves happily.

May whatever they have gained not be lost.

---

1) guardian deities (devas) : 보호신(保護神).

2) worldlings : 세속인(世俗人).

3) woeful planes: 고통스런 장소 즉 삼악도(지옥, 아귀, 축생)를 일컫는다.

육체적 고통에서 벗어나게 하소서.

그들이 행복하게 자신을 돌볼 수 있게 하소서.

이 사원, 이 처소, 이 경내의 보호신[1]들이

  적의와 위험에서 벗어나게 하소서,

  정신적 고통에서 벗어나게 하소서,

  육체적 고통에서 벗어나게 하소서.

그들이 행복하게 자신을 돌볼 수 있게 하소서.

모든 존재, 모든 호흡하는 것들, 모든 생물, 모든 개인, 모든 사람, 모든 여성, 모든 남성, 모든 고귀한 존재들, 모든 세속적 존재들, 모든 신들, 모든 인간, 비참한 세상에 있는 모든 존재들이

  적의와 위험에서 벗어나게 하소서,

  정신적 고통에서 벗어나게 하소서,

  육체적 고통에서 벗어나게 하소서.

그들이 행복하게 자신을 돌볼 수 있기를 바랍니다.

무엇이든 그들이 얻은 것은 잃지 않기를 바랍니다.

---

1) 호법신은 불법(佛法)을 보호하는 신장으로 청룡8부가 대표적이다. 불법을 따르는 사람들을 보호
   하는 역할도 한다.

All beings are owners of their own karma[1].

May they take care of themselves happily.

As far as[2] the highest plane of existence[3]

As far down as the lowest plane[4]

in the entire universe

whatever beings that move on earth,

May they be free from enmity and danger

be free from mental suffering

be free from physical suffering.

May they take care of themselves happily.

One who has trained his mind according to this meditation is free from anger and jealousy. By practicing this meditation, one not only helps others to live happily and peacefully but he also helps himself to purify the mind.

---

1) All beings are owners of their own karma: 자작자수(自作自受), 자업자득(自業自得).

2) As far as: ~하는 한. 주로 지식, 의견, 시야 범위 사용. e.g.) As far as I know (내가 아는 한). As long as: 조건이나 이유를 나타낼 때 사용한다. 'long'라는 단어에서 유추할 수 있듯, 기본적으로 '시간' '기간' 과 관련되어 있다. e.g.) I'll stay as long as you want. (네가 바라는 만큼 나는 머물 것이다).

3) the highest plane of existence: 유정천(有頂天).

4) the lowest plane: 지옥.

모든 존재는 자신이 지은 업(業)의 소유자입니다.

그들이 행복하게 자신을 돌볼 수 있게 하소서.

위로는 존재의 가장 높은 영역[1]까지

아래로는 가장 낮은 영역[2]까지

　　온 우주에서

　　무엇이든 지상에서 움직이는 모든 존재들이

　　적의와 위험에서 벗어나게 하소서

　　정신적 고통에서 벗어나게 하소서

　　육체적 고통에서 벗어나게 하소서

그들이 행복하게 자신을 돌볼 수 있게 하소서.

　이 명상에 따라 마음을 단련한 사람은 분노와 질투로부터 자유롭다. 이 명상을 수행함으로써 다른 사람들이 행복하고 평화롭게 살도록 도울 뿐만 아니라 자신도 마음을 정화하는 데 도움을 받는다.

---

1) 존재의 가장 높은 영역은 천상중 유정천(有頂天)을 의미한다.
2) 가장 낮은 영역은 지옥으로, 육도 중 가장 고통스러운 곳이다.

제 4 장

붓다의 제자
The followers of the Buddha

1. Buddhist Community

The Buddhist Community consists of[1] two groups of people, the Sangha and the Laity. Whether one is a member of the Sangha or the laity, all Buddhists should do their best to live an honest life, show compassion to all living beings and set a good example. Even when they are working or meditating, it should be for the benefit of others as well as[2] for themselves.

① Sangha

The word 'Sangha' means 'friendly community'. It usually refers to[3] the Buddhist monks and nuns. They live in monasteries. The Sangha is a group of monks or nuns. They practise the Dharma. They hope that the Buddha's teachings can help to make people become happier and wiser. They want everyone to live a good and happy life[4].

---

1) consists of: ~로 구성되어 있다.
2) A as well as B: B뿐만 아니라 A도. 이 표현은 B보다 A를 더 강조하고 싶을 때 쓴다.
3) refer to~: ~을 나타내다. ~와 관련 있다.
4) live a life: 삶을 살다. cf. She lives a simple life(그녀는 간결한 삶을 산다).

1. 불교 공동체

불교 공동체는 승가(Sangha)[1]와 재가자(Laity)의 두 그룹으로 구성된다. 승가든 재가자이든 모든 불교도들은 최선을 다해 정직한 삶을 살고 모든 중생에게 자비심을 보이고 좋은 본보기가 되어야 한다. 그들이 일을 하거나 명상을 할 때에도 그것은 자신뿐만 아니라 다른 사람들의 이익을 위한 것이어야 한다.

① 승가

'승가'라는 말은 '우정(友情) 공동체'를 의미한다. 일반적으로 불교 비구와 비구니를 가리킨다. 그들은 사원에 산다. 승가(Sangha)는 비구 또는 비구니의 그룹이다. 그들은 법을 수행한다. 그들은 붓다의 가르침이 사람들을 더 행복하고 현명하게 만드는 데 도움이 되기를 바란다. 그들은 모든 존재가 훌륭하고 행복한 삶을 살기를 바란다.

---

1) 상가(Sangha)는 원래 정치조직의 형태로 공화제(republic)로 군주제(monachy와 다르다. 부처님 당시 마가다국과 코살라국은 군주제 국가였고 카필라밧투는 공화제 국가였다. Sangha의 기본 원칙은 권리와 책임을 공유하고 '평등'과 '화목'을 강조한다.

Men can become monks. Monks usually get up[1] at 5 o'clock in the morning. They study the Buddha's teachings after breakfast. Sometimes, they teach Dharma to people in the afternoon. In the evening, they meditate. They keep their minds[2] clean and have kind hearts[3].

Women can become nuns. They also shave their heads. They usually wear robes[4] of brown, yellow or grey. They live simple lives and work hard for the happiness of people. They are wise and cheerful, just like monks.

② Laity[5]

People who are not monks or nuns can also study the Buddha's teachings. They are called lay people. They respect the Buddha, the Dharma and the Sangha.[6] They are friendly and peaceful to everybody.

---

1) get up: 몸을 일으키다. vs wake up: 눈을 뜨다. cf. Awakened One: 붓다.
2) mind (지적인 면, cognition) vs heart (정서적인 면, emotion).
3) kind hearts: 자비심. 자(慈 metta): 사랑하는 것. 비(悲 karuna): 고통에서 벗어나기를 바라는 것
4) robe[roʊb]: 예복, 법복, 승복. 가사의 색상은 문화권마다 차이가 있다.
5) laity [léiəti]: 재가자 (lay people), 평신도, 속인.
6) The Buddha: 佛, awakened one. The Dharma: 法, the teaching of the Buddha. The Sangha: 僧 the group of the Buddha's followers.

남자는 비구가 될 수 있다. 승려들은 보통 새벽 5시에 일어난다. 그들은 아침 식사 후에 붓다의 가르침을 공부한다. 때로는 오후에 사람들에게 법을 가르친다. 저녁에는 명상을 한다. 그들은 마음을 깨끗하게 유지하고 친절한 마음을 가지고 있다.

여성은 비구니가 될 수 있다. 그들 또한 머리를 삭발한다. 그들은 일반적으로 갈색, 노란색 또는 회색의 가사를 입는다. 그들은 간소한 삶을 살고 사람들의 행복을 위해 열심히 일한다. 그들은 비구들처럼 현명하고 쾌활하다.

② 재가자[1]

비구나 비구니가 아닌 사람도 붓다의 가르침을 배울 수 있다. 그들은 재가자라고 불린다. 그들은 붓다와 법과 승가를 존경한다. 그들은 모두에게 친절하고 평화롭다.

---

1) 재가자(在家者, householder): 집에 머물면서 신행하는 불자. cf 출가자: 집을 떠난 독신 수행자이다.

When lay people have problems, they go to monks and nuns for advice. To thank them for their good advice, lay people offer[1] monks and nuns food and clothing as a sign[2] of respect.

The laity includes Buddhist men[3] and women who do not become monks and nuns. They usually live at home with their families. The laity play an important role[4] in Buddhism, as they care for and support the Sangha. They build the temples and monasteries[5]. They give offerings of[6] food, clothing, bedding and medicine to the Sangha. In return[7], the Sangha carries on the work of Buddhism[8] and teaches the laity on the Dharma. In this way the Sangha and the laity benefit each other and together they keep Dharma alive.

---

1) offer: 주다(give), 보시하다(donate). cf. give and take는 거래, 장사의 개념. 보시는 give에서 끝남.

2) sign: 표시, 징표. token [toʊkən]). e.g.) Please accept this gift as a token of our gratitude.

3) Buddhist men: 우바새, 남자 재가신자. Buddhist woman: 우바이, 여자 재가신자.

4) play a role: 어떤 역할을 하다.

5) temples and monasteries: 절과 승원. temple: 단일 사찰(ex. 석굴암), monastery: 규모가 큰 대형 사찰, 승원(ex. 통도사)

6) give offerings of~ : ~을 공양하다.

7) in return: 대가로, 보답으로.

8) work of Buddhism: 불사(佛事).

재가자들은 문제가 생기면 비구와 비구니에게 가서 조언을 구한다.[1] 그들의 좋은 조언에 감사하기 위해 재가자들은 비구와 비구니에게 존경의 표시로 음식과 의복을 보시한다.[2]

재가자에는 비구와 비구니가 되지 않은 불교 남녀가 포함된다. 그들은 대개 가족과 함께 집에서 생활한다. 재가자는 승가를 돌보고 지원하기 때문에 불교에서 중요한 역할을 한다. 그들은 절과 승원을 짓는다. 그들은 승가에게 음식, 의복, 침구 및 약품을 보시한다. 그 대가로 승가는 불사를 진행하고 재가자에게 법을 가르친다. 이와 같이 승가와 재가자는 서로에게 이익이 되고 함께 법이 살아 있게 유지한다.

---

1) 출가자가 재가자에게 부처님의 가르침을 베푸는 것을 법보시라고 한다.
2) 재가자가 출가자에게 수행에 필요한 물질적인 것을 공급하는 것을 재보시라고 한다.

2. How to be a Buddhist

The first step to becoming a member of the Buddhist Community is to go for refuge in the Triple Gem(the Buddha, Dharma and Sangha). Then, they willingly observe the Five Precepts[1] in their daily life.

1) The Threefold Refuge[2]

When travelers are caught in a storm, they need to find shelter. Once they have found it and they feel safe, they call out to others, "Come, take refuge with us under this shelter! It's safe here!" When people see trouble in life, they may also want to find shelter. Some of them take refuge in[3] the Buddha (the founder), Dharma (the teachings) and the Sangha (monks and nuns). Together they are called the Triple Gem as they represent qualities[4] which are precious like gems.

---

1) Five Precepts: 오계(五戒).
2) the Threefold Refuge: 삼귀의(三歸依).
3) take refuge in: 귀의하다.
4) quality[kwɑːləti]: 우수한 자질, 양질.

2. 불제자 되기

불교 공동체의 일원이 되기 위한 첫 번째 단계는 삼보(불, 법, 승)에 귀의하는 것이다. 그리고 나서 그들은 일상생활에서 기꺼이 오계를 수지한다.

1) 삼귀의(三歸依)

여행자들이 폭풍우를 마주쳤을 때, 피난처를 찾아야 한다. 일단 피난처를 발견하고 안전하다고 느꼈을 때, 사람들은 다른 이들에게 소리친다. "이쪽으로 오세요! 우리와 함께 이 보호처 아래에서 피난하세요. 여기는 안전합니다!" 인생에서 문제를 마주했을 때 사람들은 피난처를 찾고 싶어 할지도 모른다. 그들 중 일부는 붓다(개조), 법(가르침) 승가(비구와 비구니)를 피난처로 삼을 것이다. 그것들은 보석처럼 귀중한 자질을 대표하기 때문에 함께 삼보[1]라고 불린다.

---

1) 한국 등 동북아시아 불교에선 불·법·승 세가지를 삼보라고 불리고 있는데 비해, 동남아시아 불교에서는 '세가지 피난처'(ti-Sarana)라고 불린다.

The Triple Gem is very special to Buddhists[1]. They pay respect to[2] the Buddha, learn the Dharma, and follow the advice of the Sangha. By doing this, Buddhists believe they can become wise and happy. The Buddha is the first gem for Buddhists. He is the founder of Buddhism. He found the Truth. He is the most honoured[3] person in Buddhism. He represents[4] wisdom. He taught us how to find happiness[5] through wisdom[6] and love[7].

The Dharma is the second gem for Buddhists. It is the teachings of the Buddha. It shows(presents) the Truth. It helps us to gain happiness. The Sangha is the third gem for Buddhists. It is a group of monks or nuns. It represents purity. It sets a good example[8] for Buddhists to follow.

You take refuge once you recognize the value of the Triple Gem and when you are confident that it can help lead you towards happiness or enlightenment. You are then known as a Buddhist.

---

1) Buddhist: 불자(佛子), 불교도, 불교 신자.

2) pay one's respect to : 존경하다(respect). 존경을 표시하다.

3) honour[ɑ:nər]: 존경하다, 공경하다. cf. I was honoured to have been mentioned in his speech.

4) represent [reprɪ'zent]: 대표하다, 대신하다 (show).

5) happiness: bliss, Nirvana(열반, 탐진치가 제거될 때 오는 기쁨).

6) wisdom: 지혜. 지혜를 갖춘 자가 붓다 (awakened one; 무지의 잠에서 깨어난 자), 어둠(무명, 무지)에서 벗어난 빛(광명)이 지혜이다.

7) love: 자비. 자(metta): loving kindness: 타인이 행복해지기를 바라는 마음. 비(karuna): compassion; 타인의 고통을 자신의 것으로 여기고 타인이 고통에서 벗어나기를 바라는 마음.

8) example [igzǽmpəl]: 본보기 (model), 모범.

삼보는 불교도들에게 매우 특별하다. 그들은 붓다를 공경하고 법을 배우고 승가의 조언을 따른다. 이렇게 함으로써 불교도들은 지혜롭고 행복해질 수 있다고 믿는다. 붓다는 불교도들에게 첫번째 보석이다. 붓다는 불교의 창시자이다. 그는 진실을 찾았다. 그는 불교에서 가장 존경받는 사람이다. 그는 지혜를 나타낸다. 그는 지혜와 사랑을 통해 행복을 찾는 방법을 가르쳐 주었다.

법은 불교도에게 두 번째 보석이다. 그것은 붓다의 가르침이다. 그것은 진실을 보여준다. 그것은 우리가 행복을 얻는 데 도움이 된다. 승가는 불교도들에게 세 번째 보석이다. 그것은 비구 또는 비구니의 그룹이다. 그것은 청정을 나타낸다.[1] 그들은 불교도들이 따라야 할 좋은 본보기가 된다.

삼보의 가치를 인정하고 그것이 당신을 행복과 깨달음으로 이끌 수 있다고 확신이 설 때, 당신은 귀의한다. 그러면 당신은 불자로 알려지게 된다.

1) 출가자는 재가자와 달리 결혼하지 않고 독신으로 지내서 청정이라고 함.

It is[1] the understanding of the Buddha's teachings that makes you want to take refuge, not just faith alone.

Now, let us take an example of a traveller who wants to visit a distant city where he has never been. He will need a guide to lead him towards his destination. He will need a path to follow. He may also wish to have travelling companions on the trip. A Buddhist working towards getting happiness and enlightenment is like a traveller trying to reach that distant city. The Buddha is his 'guide'[2], Dharma his 'path' and the Sangha his 'travelling companions'.

① Taking Refuge in[3] the Buddha

The Buddha, having reached enlightenment, is seen as the best guide for Buddhists heading towards the same goal. Therefore, all Buddhists take refuge in the Buddha. The Buddha knew what is good and what is not good for all beings. In pointing out[4] the path that leads to the end of suffering, he made the Threefold Refuge for Buddhists to follow.

---

1) it is~ that: 강조 구문.
2) guide [gaid]: 길 안내자, 도사(導師).
3) take refuge in: 귀의하다. 다른 표현으로 go for refuge to도 있다.
4) point out: 가리키다, 지시하다.

단지 믿음뿐만 아니라, 붓다의 가르침을 이해하는 것이야말로 당신이 귀의하고 싶게 만든다.

이제, 한 번도 가본 적이 없는 먼 도시를 방문하고 싶어 하는 한 여행자를 예로 들어보자. 그는 자신을 목적지로 이끌어줄 가이드가 필요할 것이다. 그는 따라갈 길을 필요로 할 것이다. 그는 또한 여행길에서 여행 도반을 갖기를 원할지도 모른다. 행복과 깨달음을 얻기 위해 열심히 수행하는 불자는 마치 먼 도시에 도달하기 위해 노력하는 여행자와 같다. 붓다는 여행자의 길 안내자이고, 다르마는 여행자의 길이고, 그리고 승가는 그의 여행 도반이 된다.

① 붓다에게 귀의하기

깨달음에 도달한 붓다는 같은 목표를 향하는 불자들에게 최상의 길 안내자로 보여진다. 그러므로 모든 불자들은 붓다에게 귀의한다. 붓다께서는 모든 중생에게 있어 무엇이 선인지 그리고 무엇이 선이 아닌지를 안다. 고통의 종식에 이끄는 길을 가리키며, 붓다는 불자들이 따라야 할 삼귀의를 만들었다.

② Taking Refuge in Dharma

The Dharma that Buddhists take as their refuge is like a path that has been well laid down[1]. Such a path may include signposts to show directions, bridges for crossing rivers and steps for climbing mountains.

In the same way, Dharma includes the rules of good conduct to help Buddhists avoid bad actions and ways to help them overcome difficulties. It also teaches them how to overcome ignorance[2] and gain Enlightenment[3].

③ Taking Refuge in the Sangha

Taking Refuge in the Sangha is like having good travelling companions. They care for each other when they are sick and encourage one another when they are tired. The Sangha, like ideal travelling companions, helpa the laity to cleanse their bad ideas and correct their behaviour through good advice and proper guidance. They also encourage the laity to continue their journey to happiness or Enlightenment.

---

1) lay down: (무엇을 사용하기 위해 특히 바닥에) 놓다[깔다/설치하다], e.g.) lay down road(도로를 깔다).

2) ignorance: 무지, 무명, 사견, '치' (痴)'.

3) Enlightenment: 정각, 지혜, 광명, 빛.

② 법에 귀의하기

불자들이 귀의하는 다르마(법)은 잘 만들어진 길과 같다. 이와 같은 길에는 방향을 보여주는 표지판, 강을 건널 수 있는 다리, 그리고 산을 오르기 위한 계단이 포함될 수 있다.

같은 방식으로, 다르마(법)는 불자들이 악행을 피할 수 있도록 돕는 선행의 규칙과 곤경을 극복할 수 있도록 돕는 길을 포함한다. 그것은 또한 그들에게 어떻게 무지를 극복하고 깨달음을 얻을 수 있을지를 가르친다.

③ 승가에 귀의하기

승가에 귀의한다는 것은 좋은 여행 도반을 갖는 것과 같다. 아플 때 서로를 돌봐주고, 지칠 때 서로를 격려해준다. 이상적인 여행 동반자와 같은 승가는 재가자들의 나쁜 생각을 깨끗하게 하고, 그들의 행동을 바로 잡도록 좋은 조언과 적절한 지도를 통해 재가자들을 돕는다. 승가는 또한 재가자들이 행복이나 깨달음을 위한 여행을 지속하도록 격려한다.

2) Keeping the Five Moral Precepts[1]

When people become Buddhists, they willingly follow the Five Precepts which are the rules for Buddhists. The Five Precepts are: ① Avoid Killing ② Avoid Stealing ③ Avoid Misusing Sex ④ Avoid Lying ⑤ Avoid Using Intoxicants.

① The First Precept: Avoid killing

The Buddha said, "Life is dear to all." All beings fear death and value life. We should therefore respect life and not kill anything. This precept forbids[2] not only killing people but also any creature, especially if it is for money or sport. We should have an attitude of loving-kindness[3] towards all beings, wishing them to be always happy and free. Caring for the Earth, its rivers, forests and air, is also included in this precept.

② The Second Precept: Avoid stealing

We have the right to own[4] things and give them away as we wish.

---

1) The Five Moral Precepts : 다섯가지 도덕적 계율, 오계.
2) forbid [fərbɪd]: 금지하다.
3) loving-kindness: 자(慈, metta): 모든 중생이 행복해지기를 바라는 마음. compassion: 비(悲, karuna) : 모든 중생이 고통에서 벗어나기를 바라는 마음.
4) own [oun]: 소유하다(possess).

2) 5계를 지키기

사람들이 불교도가 될 때, 그들은 기꺼이 불자들을 위한 규칙인 오계를 따라야 한다. 5계는 다음과 같다. ① 살생을 피하라(불살생) ② 도둑질을 피하라(불투도) ③ 성의 오용을 피하라(불사음) ④ 거짓말을 피하라(불망어) ⑤ 취하게 만드는 것을 피하라(불음주).

① 첫 번째 계율: 살생을 피하라

붓다는 말했다. "생명은 모두에게 소중하다." 모든 존재는 죽음을 두려워하고 생명을 소중하게 여긴다. 우리는 그러므로 생명을 존중해야 하고 어떤 것도 죽여서는 안 된다. 이 계율은 사람뿐만 아니라 모든 생명체까지도 죽이는 것을 금지한다. 특히 만약 돈이나 스포츠를 위해서라면, 더욱 금지된다. 우리는 모든 존재들을 향하여 자애로운 태도를 지녀야만 하고, 그들이 항상 행복하고 자유로워지기를 바라야 한다. 지구, 강과 숲과 공기를 돌보는 것도 또한 이 계율에 포함된다.

② 두 번째 계율: 도둑질을 피하라

우리는 물건을 소유하고 우리가 바라는 대로 그것들을 나눠줄 권리를 갖는다.

However, we should not take things that do not belong to us by stealing or cheating. Instead, we should learn to give to help others, and always take good care of[1] the things that we use, whether they belong to[2] us or to the public.

In a broader[3] sense, this precept means being responsible. If we are lazy and neglect[4] our studies or work, we are said to be 'stealing time'.

This precept also encourages us to be generous. Buddhists give to the poor and the sick and make offerings to[5] monks and nuns to practise being good. Buddhists are usually generous[6] to their parents, teachers and friends to show gratitude for their advice, guidance and kindness. Buddhists also offer sympathy[7] and encouragement to those who feel hurt or discouraged. Helping people by telling them about the Dharma[8] is considered to be the highest form of giving.

---

1) take care of: 돌보다.
2) belong to: 속하다. 소속되다.
3) broad [brɔːd]: (폭이) 넓은 (↔narrow).
4) neglect [nɪˈglekt]: (돌보지 않고) 방치하다, 도외시하다, 등한하다.
5) make offerings to: 에게 공양을 올리다.
6) generous [dʒénərəs]: 관대한, 아량 있는. e.g.) Try to be more generous in your judgment of others. (남을 평가할 때에는 좀 더 관대해지도록 시도하세요).
7) sympathy [símpəθi]: 동정, 위로, 위문. compassion: 동정심과 아울러 고통에서 구제하고자 하는 의도가 들어있음.
8) telling them about the Dharma: 설법, 법보시.

그러나 우리는 우리에게 속하지 않은 물건을 도둑질하거나 속임으로써, 가져서는 안 된다. 대신에, 우리는 다른 사람들에서 보시[1]해서 도울 수 있도록 배워야 한다. 그리고 자신에게 속한 것이든 대중에게 속한 것이든 간에, 우리가 사용하는 물건을 항상 잘 보살펴야 한다.

좀 더 넓은 의미로, 이 계율은 책임을 진다는 것을 의미한다. 만약 우리가 우리의 학업이나 일을 게을리하거나 등한시한다면, 우리는 이것을 '시간을 훔치는 것'이라고 말한다.

이 계율은 또한 우리가 관대해지도록 장려한다. 불자들은 가난하거나 아픈 사람들에게 보시하고 비구와 비구니들이 선(善)을 수행할 수 있도록 공양을 올린다. 불자들은 보통 부모님과 선생님과 그리고 친구들의 조언과 안내와 친절함에 대한 감사를 보여주기 위해 그들에게 관대하다. 불자들은 또한 상처받고 낙담한 사람들에게 동정과 격려를 제공한다. 법에 관하여 말함으로서 사람들을 돕는 것은 가장 높은 형태의 보시로 여겨진다.

---

1) 보시는 문자 그대로 주는 행위를 의미한다. 다른 사람이나 다른 존재에게 도움이 되도록 무엇인가를 주는 행위로, 그 댓가나 보상을 기대하지 않는다.

③ The Third Precept: Avoid misusing sex

Avoiding the misuse of sex is respect for people and personal relationships. Much unhappiness arises from the misuse of sex and from living in irresponsible ways. Many families have been broken as a result[1], and many children have been victims[2] of sexual abuse[3]. For the happiness of ourselves as well as others, sex should be used in a caring and loving manner.

When observing[4] this precept, sexual desires should be controlled, and husbands and wives should be faithful towards each other. This will help to create peace in the family.

In a happy family, the husband and wife respect, trust and love each other. With happy families, the world would be a better place for us to live in. Young people should keep their minds and bodies pure to develop their goodness. It is[5] up to[6] them to make the world a better place in which to live.

---

1) as a result: 그 결과, 결과적으로.
2) victim [vɪktɪm]: (범죄·질병·사고 등의) 피해자[희생자/환자].
3) abuse [əˈbjuːs]: 남용, 오용 (misuse), 학대.
4) observe [əbˈzɜːrv]: (법률·규칙 등을) 준수하다(keep).
5) it is~ to: 가주어, 진주어 구문.
6) up to ~ : ~에 달려있다 (depend on).

③ 세 번째 계율: 성의 오용을 피하라

성의 오용을 피하는 것은 사람들과의 개인적 인간관계에 대한 존중이다. 많은 불행은 성의 오용과 무책임한 방식의 삶으로부터 발생한다. 많은 가정들이 그 결과 깨졌고, 많은 아이들이 성적 남용의 피해자가 되었다. 우리 스스로의 행복뿐만 아니라 다른 사람의 행복을 위해서도 성은 배려하고 사랑하는 방식으로 사용되어야 한다.

이 계율을 준수할 때, 성적 욕망은 제어되어야 한다. 그리고 남편들과 아내들은 서로에게 충실해야 한다. 이것은 가정 내 평화를 만드는 것을 도울 것이다.

행복한 가정에서는 남편과 아내 서로 존중하고, 믿고 서로를 사랑한다. 행복한 가정들과 더불어 세상은 우리가 살기에 더 나은 장소가 될 것이다. 젊은 사람들은 그들의 선함을 개발하기 위해 그들의 정신과 신체를 순수하게 유지해야 한다. 세상을 살기에 더 좋은 곳으로 만드는 것은 정말이지 그들에게 달려있다.

④ The Fourth Precept: Avoid lying

We should respect each other and not tell lies or gossip. This would result in[1] fewer quarrels[2] and misunderstandings, and the world would be a more peaceful place. In observing the fourth precept, we should always speak the truth.

⑤ The Fifth Precept: Avoid using intoxicants[3]

The fifth precept is based on[4] self-respect. It guards against losing control of our mind, body and speech[5]. Many things can become addictive[6]. They include alcohol, drugs, smoking and unhealthy books. Using any of these will bring harm to us and our family.

---

1) result in : ~한 결과를 초래하다, 가져오다. result from; ~로부터 귀인하다.
2) quarrel [|kwɔːrəl]: (보통 개인적인 문제에 대한) 말다툼, 불만.
3) intoxicant [intάksikənt]:취하게 하는 것, 마취제; 알코올 음료.
4) be based on: ~에 기초하다, 근거를 두고 있다.
5) mind: 의(意), body: 신(身), speech: 구(口).
6) addictive [ə'dɪktɪv]: (약물 등이) 중독성의 , (활동 등이) 중독성이 있는.

④ 네 번째 계율: 거짓말을 피하라

우리는 서로를 존중하고 거짓말이나 험담을 해서는 안 된다. 이렇게 하면 다툼과 오해가 더 적어질 것이고, 세상은 조금 더 평화로운 장소가 될 것이다. 네 번째 계율을 준수함에, 우리는 항상 진실을 말해야 한다.

⑤ 다섯 번째 계율: 취하게 만드는 것을 피하라

다섯 번째 계율은 자기존중을 기반으로 하고 있다. 그것은 우리의 마음과 몸과 말의 통제를 잃지 않도록 대항하여 보호해준다. 많은 것들에 중독이 될 수 있다. 그것들은 알코올, 마약, 흡연, 그리고 불건전한 서적들을 포함한다. 이들 중 어떤 것이라도 사용하는 것은 우리와 우리 가족에게 해를 끼칠 것이다.

One day, the Buddha was speaking Dharma to the assembly[1] when a young drunken man staggered[2] into the room. He tripped over[3] some monks who were sitting on the floor and started cursing[4] aloud. His breath stank[5] of alcohol and filled the air with a sickening smell. Mumbling[6] to himself, he staggered out of the door.

Everyone was shocked at his rude behaviour, but the Buddha remained calm, "Great Assembly!" he said, "Take a look at[7] this man! I can tell you the fate of a drunkard[8]. He will certainly lose his wealth and good name. His body will grow weak and sickly. Day and night, he will quarrel with his family and friends until they leave him. The worst thing is that he will lose his wisdom and become confused."

By observing this precept, we can keep a clear mind and have a healthy body.

---

1) assembly [ə'sembli]: 모임, 집회, 의회.
2) stagger [stægə(r)]: 비틀[휘청]거리다, 비틀[휘청]거리며 가다 (totter).
3) trip over: ~에 발이 걸려 넘어지다.
4) curse [kə́:rs]: 저주하다, 악담하다, 모독하다.
5) stink [stɪŋk]: 고약한 냄새가 나다, 악취가 풍기다.
6) mumble ['mʌmbl]: 중얼거리듯 말하다.
7) take a look at: ~을 한번 쳐다보다.
8) drunkard [drʌŋkərd]: 술고래 (alcoholic), 술주정뱅이.

어느 날, 붓다는 모인 사람들에게 법을 설하였다. 그때 젊은 취한 남자가 비틀거리며 법당에 들어왔다. 그는 바닥에 앉아있던 몇몇 비구들에게 걸려 넘어졌다. 그리고 큰 소리로 저주를 퍼붓기 시작했다. 그의 숨에서는 알코올 악취가 났고, 공기를 병들게 하는 냄새로 채웠다. 혼잣말을 중얼거리면서, 그는 비틀거리며 문밖으로 나갔다.

모두는 그의 무례한 행동에 충격을 받았다. 그러나 붓다는 침착함을 유지하였다. "위대한 회중들이여!" 그는 말했다. "이 남성을 한 번 보아라! 나는 이 술주정뱅이의 운명에 대해 이야기할 수 있다. 그는 분명히 자신의 부와 명성을 잃을 것이다. 그의 몸은 약해지고 병들 것이다. 밤낮으로, 그는 자신의 가족과 친구들과 말다툼을 할 것이고, 결국 그들이 그를 떠날 것이다. 최악인 것은 그가 자신의 지혜를 잃고 혼미스러워질 것이라는 점이다."

이 계율을 지킴으로써, 우리는 명확한 마음과 건강한 몸을 유지할 수 있다.

3. Disciples of the Buddha

1) Rahula

Rahula, the only son of the Buddha, became a monk. He was the youngest in the Sangha. All the monks loved and spoiled[1] him. Rahula did whatever he liked. Sometimes he told lies just for the fun of it.

One day, the Buddha said to Rahula, "Please bring me a basin[2] of water. I want to wash my feet." He washed his feet in the basin of water and asked Rahula, "Would you drink this water?"

"No, it's dirty!" Rahula replied. Then the Buddha asked Rahula to throw the water away.

The Buddha told Rahula, "When water gets dirty, no one wants it. It is the same for those who tell lies. No one cares for[3] them anymore."

---

1) spoil [spɔɪl]: 망치다, 못쓰게 만들다, (아이를) 응석받이로 버릇없게 키우다.
2) basin [beɪsn]: 대야. 폭이 넓고 깊이가 있는 큰 용기. 양푼이.
3) care for: 돌보다, 좋아하다.

3. 붓다의 제자들

1) 라훌라[1]

붓다의 외아들인 라훌라(Rahula)가 스님이 되었다. 그는 승가에서 가장 어렸다. 모든 승려들은 그를 사랑하였지만 버릇없게 만들었다. 라훌라는 자신이 좋아하는 모든 일을 했다. 때때로 그는 단지 재미를 위해 거짓말을 했다.

어느 날 붓다는 라훌라에게 말하였다. "대야에 물을 담아 오너라. 발을 씻고 싶다." 붓다는 대야에서 발을 씻고 나서 라훌라에게 "이 물을 마시겠느냐?"라고 물었다.

라훌라가 대답했다, "아닙니다. 그것은 더럽습니다!" 그러자 붓다는 라훌라에게 물을 버리라고 하였다.

붓다는 라훌라에게 "물이 더러워지면 아무도 그것을 원하지 않는다. 거짓말을 하는 사람도 마찬가지이다. 더이상 아무도 그를 돌보려고 하지 않는다."

---

1) 라훌라(Rahula)는 출가전 붓다의 외동 아들로 불교사에서 최초의 최연소(6~7세) 출가자이다.

Tears of shame come to Rahula's eyes. He never told another lie. He always told the truth.

2) Anuruddha

Anuruddha was a very good pupil, but he was blind. He did not feel sorry for himself because he was blind and kept up with[1] his practice[2].

One day, he felt a hole in his robe. He tried to mend it, but found it very difficult. He could not even thread the needle. The Buddha came to his room to thread the needle for him. Anuruddha asked, "Who is threading the needle for me?"

"It is the Buddha," the Buddha replied while he was mending[3] the robe[4]. Anuruddha felt really happy and was moved to tears[5]. We should always help those who need it.

---

1) keep up with: ~을 유지하다, ~에 밝다, 정통하다, ~에 뒤지지 않다.
2) practice ['præktɪs]: 실행, 실천 (불교에선 '수행').
3) mend [mend]: (옷에 난 구멍 등을) 꿰매다[수선하다].
4) robe: 분소의. 당시에는 무소유의 유행생활을 했기에 낡은 천들을 덧대어 가사를 만들어 입음.
5) moved to tears: 감동의 눈물을 흘리다. move: 감동하다.

라훌라의 눈에는 수치심의 눈물이 맺혔다. 그는 결코 다시 거짓말을 하지 않았다. 그는 항상 진실을 말했다.

2) 아누룻다[1]

아누룻다는 아주 좋은 제자였지지만 그는 장님이었다. 그는 눈이 멀었지만 수행을 계속했기 때문에 자신을 불쌍히 여기지 않았다.

어느 날 그는 가사에 구멍이 난 것을 느꼈다. 그는 그것을 수선하려고 했지만 매우 어렵다는 것을 알게 되었다. 그는 바늘에 실을 꿰는 것조차 하지 못했다. 붓다는 아누룻다를 위해 실을 바늘에 꿰어주려고 그의 방으로 왔다. 아누룻다는 "누가 나를 위해 바늘에 실을 꿰고 있습니까?"라고 물었다.

"붓다이다." 붓다가 가사를 수선하면서 대답했다. 아누룻다는 정말 행복했고 감동해서 눈물을 흘렸다. 우리는 항상 도움을 필요한 사람들을 도와야 한다.

---

1) 아누룻다(Anuruddha): 천안제일 아나율; 법문 중 졸다가 부처님께 꾸중을 들음. 그 후 잘 때도 눈을 뜨다가 시력을 잃게 됨. 육안(naked eye)을 잃고 천안(divine eye)을 얻음.

3) Kisa Gautami

Kisa Gautami was a young woman from a poor family, who was married to[1] a wealthy merchant. When her only son was about a year old, he suddenly fell ill and died. Overcome[2] with grief[3], Kisa Gautami took the dead child in her arms and went from house to house asking people if[4] they knew of a medicine that could restore[5] her child's life. Of course[6] no one was able to[7] help her. Finally, she met a follower of the Buddha, who advised her to see the Buddha.

When she carried the dead child to the Buddha and told him her sad story, he listened with patience and compassion. He said to her, "There is only one way to solve your problem. Go and get me five mustard seeds from any family in which there has never been a death."

---

1) was married to: ~와 결혼하다.
2) overcome [oʊvər'kʌm]: (… 때문에) 꼼짝 못하게 되다, 압도당하다 (overwhelm). 여기서 overcome은 과거분사이다.
3) grief [gri:f]: (특히 누구의 죽음으로 인한) 비탄[비통].
4) if= whether or not.
5) restore [ristɔ́:r]: 되찾다, 다시 손에 넣다. e.g.) restore stolen property (도둑맞은 물건을 되찾다).
6) of course: 물론, 당연히.
7) be able to: 할 수 있다.

3) 키사고타미

　키사고타미는 젊은 여인이었는데, 가난한 집안의 출신으로 부유한 상인과 결혼을 했다. 그녀의 유일한 아들이 대략 한 살이었을 때, 아이가 갑자기 질병에 걸려 죽게 되었다. 너무 고통스러운 나머지 키사고타미는 죽은 아이를 그녀의 팔에 안고서 사람들에게 그녀의 아이의 생명을 다시 살릴 수 있는지를 물으면서 집집마다 돌아다녔다. 물론 누구도 그녀를 도와줄 수 없었다. 마침내 그녀는 붓다를 따르는 사람을 만났고, 그 사람은 붓다를 친견하라고 조언했다.

　그녀가 죽은 아이를 안고 붓다에게 가서 자신의 슬픈 이야기를 말했을 때, 붓다는 인내심과 자비심을 갖고 들었다. 그는 그녀에게 말했다. "당신의 문제를 해결할 단 한 가지의 방법이 있습니다. 가세요, 그리고 한 번도 죽음을 경험한 적 없는 집으로부터 겨자씨 다섯 개를 받아 나에게 가져오세요."

Kisa Gautami set off[1] to look for such a household[2] but without success. Every family she visited had experienced the death of one person or another. At last[3], she understood what the Buddha had wanted her to find out for herself — that death comes to all. Accepting the fact that death is inevitable[4], she no longer grieved[5]. She took the child's body away and later returned to the Buddha to become one of his followers.

The Moral _____

The Buddha taught us to recognise that suffering is a fact of life and that no one can avoid it.

---

1) set off: 출발하다. e.g.) We will set off for London just after ten. (우리는 10시 직후 런던으로 출발할 것이다).
2) household [ha sho ld]: (한 집에 사는 사람들을 일컫는) 가정.
3) at last: 마침내.
4) inevitable [ɪnˈevɪtəbl]: 불가피한, 필연적인 (unavoidable).
5) grieve [griːv]: (특히 누구의 죽음으로 인해) 비통해 하다.

키사고타미는 그런 가정이 있는지 찾아보기 위해 출발했지만 성공하지 못했다. 그녀가 방문한 모든 가정은 적어도 한 사람의 죽음을 경험한 적이 있었다. 마침내, 그녀는 붓다가 자신이 스스로 찾기를 바랐던 것이 무엇인지 이해하게 되었다. 그것은 죽음은 모두에게 온다는 것이었다. 죽음은 피할 수 없다는 사실을 받아들이며, 그녀는 더 이상 비통해하지 않았다. 그녀는 아이의 시신을 정리하고 나중에 붓다의 제자가 되기 위해 다시 돌아왔다.

 교훈
붓다는 우리에게 고통은 삶의 사실이며 그 누구도 피할 수 없다는 것을 인지하도록 가르쳤다.

제 5 장

불교 이야기
The Buddhist Stories

1. The Rope and the Wrapper

The Buddha and Ananda were begging[1] in a city. They passed a fishmonger's[2]. The Buddha said, "Ananda, touch the rope where the fish are hanging and smell your fingers." Ananda did this and said, "It smells awful!" The Buddha said, "This is the same with making friends. if you mix with bad people, you will become bad. This is like the smell from the rope in the fishmonger's."

Next, they passed a spice[3] shop. The Buddha said, "Ananda, touch the spice wrapper[4] and then smell your fingers." Ananda did this and said, "My fingers smell very nice." The Buddha said, "This is the same with making friends. If you mix with good people, you will be a good person. This is like the nice smell you got from the spice wrappers."

 The Moral _____

If you mix with good and honest people, you will be a good person.
If you mix with lazy and bad people, you will be a bad person.

---

1) beg[beg]: 구걸하다. 걸식하다.
2) fishmonger [fɪʃmʌŋgə(r)]: 생선 장수, 생선 가게.
3) spice [spaɪs]: 향신료, 양념.
4) wrápper ['rapər]: 포장지, (잡지·신문의) 봉(封)띠, 띠지.

1. 밧줄과 포장지[1]

붓다와 아난다는 한 도시에서 탁발하고 있었다. 그들은 생선 가게를 통과했다. 붓다는 말하였다. "아난다여! 생선이 매달려 있는 줄을 만져보고 손가락 냄새를 맡아보아라." 아난다는 이렇게 했고 "냄새가 끔찍합니다!"라고 대답했다. 붓다께서 말씀하셨다. "친구를 사귀는 것도 이와 같다. 나쁜 사람과 만나면 나쁜 사람이 된다. 이것은 생선 장수의 생선 밧줄에서 나는 냄새와 같다."

다음으로 향신료 가게를 지나갔다. 붓다는 말하였다. "아난다여! 향신료 포장지를 만지고 네 손가락의 냄새를 맡아보아라." 아난다는 이렇게 하고 "저의 손가락에서 좋은 냄새가 납니다."라고 대답했다. 붓다는 말하였다. "친구를 사귀는 것도 이와 같다. 좋은 사람들과 만나면 좋은 사람이 된다. 이것은 향신료 포장지에서 나는 좋은 냄새와 같다."

교훈

착하고 정직한 사람들과 섞이면 좋은 사람이 될 것이다. 게으르고 나쁜 사람과 섞이면 나쁜 사람이 될 것이다.

---

1) 법구비유경에 나오는 이야기이다. 현재 내가 누구랑 가장 많은 시간을 보내는지가 나의 인격과 품성을 결정한다. 붓다(Buddha)는 최상의 친구(Best Friend)로 경전 읽기, 사찰 방문하기, 부처님께 절하기, 염불하기 등으로 함께 할 수 있다.

2. The Snake's Head and Tail

The snake's tail had a fight with its head. The tail said, "You have led me for so long. Now it's time for me to lead you."

The head said, "I should be the leader. I have eyes and a mouth." The tail said, "You need me to move. Without me, you can't go anywhere."

Then the tail grabbed[1] a tree branch and would not let go. The snake's head gave up and let the tail be the leader. The head did not want to help the tail. The tail could not see where it was going. Then, it fell into a fire pit[2]. The snake was burnt to death.[3]

🧘 The Moral _____

It hurts both sides when you quarrel.

---

1) grab [græb]: 움켜잡다; 잡아채다; 붙잡다, (기회 따위를) 놓치지 않고 잡다.

2) fire pit: 불 구덩이, 화덕.

3) quarrel [|kwɒrəl]: 언쟁을 벌이다, 다투다, 싸우다.

2. 뱀의 머리와 꼬리

　　뱀의 꼬리는 머리와 싸웠다. 꼬리가 말했다, "너는 나를 너무 오랫동안 이끌었다. 이제 내가 너를 이끌 차례이다."

　　머리는 말하였다. "내가 리더가 되어야 한다. 나에게는 눈과 입이 있다." 꼬리가 말했다, "너가 움직이기 위해서는 나를 필요로 한다. 나 없이는 아무데도 갈 수 없어."

　　그런 다음 꼬리는 나뭇 가지를 붙잡고 놓지 않았다. 뱀의 머리는 포기하고 꼬리가 리더가 되도록 했다. 머리는 꼬리를 돕고 싶지 않았다. 꼬리는 어디로 가고 있는지 볼 수 없었다. 그러다 불구덩이에 빠졌다. 뱀은 불에 타 죽었다.

 교훈

싸우면 양쪽 모두 상처를 받는다.

3. The Cleaning Woman

A woman worked very hard cleaning the streets. As her clothes were dirty and smelly, all the people ran away from her when they saw her. When the Buddha talked to her nicely, the people were surprised[1].

They asked the Buddha, "You always ask us to be clean. Why are you talking to this smelly woman?"

The Buddha replied, "Although this woman is smelly, her mind is clean. She is polite and she works hard for others. Some people look clean and tidy, but their minds are full of bad thoughts[2]!"

 The Moral

Having a clean mind is more important than wearing clean clothes.

---

1) surprised: 주로 긍정적 의미로 사용하며 부정적인 놀람에는 다음과 같은 것이 있다: shocked, terrified, alarmed.
2) bad thoughts: 나쁜 생각. 나쁜 생각은 탐욕(greed, craving), 분노(hatred, anger), 무지(ignorance, illusion)와 연결되어 있다.

3. 여자 청소부

한 여성이 거리 청소를 매우 열심히 했다. 그녀의 옷이 더러워지고 냄새가 나자 사람들은 그녀를 보고 모두 피해 버렸다. 붓다가 그녀에게 친절하게 말하자 사람들은 놀랐다.

그들은 붓다께 여쭈었다. "당신은 항상 우리에게 깨끗함을 요구하셨습니다. 왜 이 냄새 나는 여자에게 말을 거시는 것입니까?"

붓다는 말했다 "이 여인은 비록 냄새가 나지만 마음은 깨끗하다. 그녀는 예의 바르고 다른 사람들을 위해 열심히 일한다. 어떤 사람들은 깨끗하고 단정해 보이지만 마음은 나쁜 생각으로 가득 차 있다."

 교훈 _____

깨끗한 옷을 입는 것보다 깨끗한 마음을 갖는 것이 더 중요하다.

4. The Monkey Trap[1]

In India, monkeys are caught in a very special way. The trapper first takes a coconut. He then makes a hole on its side just big enough for a hand to go through when it is not clenched[2] into a fist. He then places some peanuts in the coconut and puts it in a spot where monkeys usually visit. Before leaving the coconut behind, he would scatter some peanuts around the coconut trap.

Sooner or later[3], a curious monkey would come along. It would first eat the peanuts on the ground. Then, it would find the coconut and see that it is full of peanuts. When it puts its hand into the hole to help itself to the peanuts, it would be unable to withdraw[4] its hand, which is now a fist full of peanuts.

---

1) trap [træp]: (특히 용수철 식의) 올가미, 함정; 덫, …잡는 기구 e.g.) a mouse trap (쥐덫).

2) clench [klentʃ]: (주먹을) 꼭 쥐다, (물건을) 꼭 붙잡다, 쥐다.

3) Sooner or later: 조만간. e.g.) Sooner or later you will have to make a decision. (조만간 당신이 결정을 내려야 할 것이다).

4) withdraw [wɪðˈdrɔː]: (뒤로) 물러나다, 철수하다; 빼내다, 철수시키다 (pull out).

4. 원숭이 덫

　　인도에서, 원숭이는 매우 특별한 방식으로 잡힌다. 사냥꾼은 먼저 코코넛 하나를 가져온다. 그리고 나서 그는 주먹을 쥐지 않았을 때 손이 통과할 수 있을 정도의 적당한 크기로 코코넛 옆면에 구멍을 뚫는다. 그리고 그는 약간의 땅콩을 코코넛 속에 넣는다. 그리고 원숭이가 평소 방문하는 장소에 둔다. 코코넛을 두고 떠나기 전에 그는 약간의 땅콩을 코코넛 주위에 흩뿌린다.

　　조만간, 호기심이 많은 원숭이가 올 것이다. 그 원숭이는 먼저 땅에 있는 땅콩을 먹을 것이다. 그리고 나서 원숭이는 코코넛을 발견하고 땅콩으로 가득 차 있는 것을 볼 것이다. 원숭이가 땅콩을 먹기 위해 스스로 손을 구멍에 넣으면, 이제 땅콩으로 가득찬 주먹 손을 빼는 것이 불가능할 것이다.

No matter how[1] hard it struggles and pulls, it would not get free. It would cry out loud and become very anxious. All the monkey has to do is to let go of[2] the peanuts to get free, but it would not want to do that. In this situation, the monkey is easily caught by the trapper.

🧘 The Moral

We want to be free from[3] suffering, but we are not willing to[4] let go of our desires, which so often get us into trouble.

---

1) No matter how: 아무리 ~하더라도.
2) let go of: 놓다, 풀어주다, 포기하다, 보내다.
3) be free from: ~로 부터 자유로워지다.
4) be willing to: 기꺼이 ~하다.

아무리 원숭이가 열심히 발버둥치고 끌어당겨도 자유로울 수 없을 것이다. 원숭이는 비명을 지르고 매우 불안해질 것이다. 원숭이가 해야 할 모든 것은 땅콩을 놓아주고 자유롭게 되는 것이지만 그는 그렇게 하려고 하지 않을 것이다. 이런 상황에서 원숭이는 사냥꾼에 의해 쉽게 잡힌다.

🧘 교훈

우리는 마치 원숭이와 같다. 우리는 고통으로부터 자유로워지기를 바라지만, 우리는 우리의 욕망을 기꺼이 놓아주지 않는다. 그것은 종종 우리를 곤경에 빠뜨린다.

5. You Cannot Dirty the Sky

One day, an angry man with a bad temper[1] went to see the Buddha. The man used harsh words[2] to abuse[3] the Buddha. The Buddha listened to him patiently and quietly, and did not say anything as the man spoke. The angry man finally stopped speaking. Only then did the Buddha ask him, "If someone wants to give you something, but you don't want to accept it, to whom does the gift belong[4]?" "Of course it belongs to the person who tried to give it away in the first place[5]," the man answered.

---

1) temper [témpər]: 기질, 천성, 성질. e.g.) a hot [quick, short] temper(급한 성질, 빨리 화냄).
2) harsh words: 악구(惡口).
3) abuse [əbjúːz]: 욕을 하다, 매도하다.
4) belong to: 속하다.
5) in the first place: 애초에, 애초부터. 주로 '돌이켜보니 ~를 했어야 혹은 하지 않았어야 했다'와 같이 후회/비판하는 상황에서 쓰는 표현이다. E.g.) You should've called them in the first place and let them know we had five people. (애초에 그들에게 전화를 해서 우리가 다섯명이라는 걸 알려야 했었다).

5. 하늘을 더럽힐 수 없다

　　어느 날 성질이 나쁜 화난 남성이 붓다를 찾아왔다. 그 남자는 거친 말을 사용해서 붓다를 욕했다. 붓다는 인내심을 가지고 조용히 그에게 귀를 기울였다. 그리고 그가 말할 때 붓다는 아무 말도 하지 않았다. 그 화난 남자는 마침내 말하는 것을 멈췄다. 그제서야 붓다가 그에게 물었다. "만약 어떤 사람이 당신에게 무엇을 주려고 하는데, 당신이 그것을 받기 원하지 않는다면, 그것은 누구에게 속하는가?" 남자가 대답했다. "물론 그것은 애초에 주려고 했던 사람에게 속합니다."

"Likewise it is with your abuse," said the Buddha. "I do not wish to accept it, and so it belongs to you. You would have to keep this gift of harsh words and abuse for yourself. And I am afraid[1] that in the end[2] you will have to suffer for it, for a bad man who abuses a good man can only bring suffering on himself. It is as if a man wanted to dirty the sky by spitting at it. His spittle[3] can never make the sky dirty, it would only fall onto his own face and make it dirty instead."

The man listened to the Buddha and felt ashamed. He asked the Buddha to forgive him and became one of his followers.

The Moral _____
Only kind words and reasoning can influence and transform others.

---

1) be afraid that: (유감스럽게도) ~라고 생각하다, (안타깝게도) ~라고 생각하다. e.g.) I am afraid you're wrong(나는 당신이 틀렸다고 생각한다).
2) in the end: 마침내 (finally).
3) spittle [spitəl]: 침 (saliva, spit).

붓다가 말하였다. "너의 욕설도 마찬가지다. 내가 그것을 받기를 희망하지 않는다면, 그것은 너에게 속하는 것이다. 너는 이 거친 말과 욕설의 선물을 스스로 간직해야 할 것이다. 그리고 염려하건데 마침내 네가 그것으로 고통을 받게 될 것이다. 선한 이를 괴롭힌 악인은 자신 스스로에게 오직 고통만을 가져올 것이기 때문이다. 그것은 마치 어떤 사람이 하늘에 침을 뱉음으로써 하늘을 더럽히기를 원하는 것과 같다. 그의 침은 결코 하늘을 더럽게 할 수 없고, 그것은 그의 얼굴에 떨어져 얼굴을 대신 더럽힐 것이다."

그 사람은 붓다의 말씀을 듣고 수치심을 느꼈다. 그는 붓다에게 용서해 달라고 요청했다. 그리고 붓다의 제자 중 한 사람이 되었다.

🧘 교훈
오로지 친절한 말과 합리적인 이성만이 다른 사람에게 영향을 주고 타인을 바꿀 수 있다.

6. The Strong-minded Snake

Once upon a time there was a doctor who was an expert at treating snake bites. One day he was called for[1] by the relatives of a man who had been bitten by a deadly poisonous snake.

The doctor told them, "There are two ways of treating this snake bite. One is by giving medicine. The other[2] is by capturing the snake who bit him, and forcing him to suck out his own poison." The family said, "We would like to find the snake and make him suck the poison out."

After the snake was caught, the doctor asked him, "Did you bite this man?" "Yes I did," said the snake. "Well then," said the doctor, "You must suck your own poison out of the wound." But the strong-willed snake replied, "Take back[3] my own poison? Never! I have never done such a thing and I never will!"

---

1) be called for: 소집되다. e.g.) The new employees were called for staff training in the conference room. (신입 사원들은 회의실에서 직원 교육을 받도록 소집되었다).

2) one, the other: 하나와 나머지 하나. 2개의 명사를 가리킬 때 사용하는 부정대명사이다. e.g.) There are two students in the library. e.g.) One is Kim, and the other is Kim's cousin. (도서관에 두 명의 학생이 있다. 한 명은 Kim이고, 다른 한 명은 Kim의 사촌이다.

3) take back: (자기가 한 말을) 취소[철회]하다. e.g.) You can't take back what you said on a show (방송에서 뱉은 말은 되돌릴 수 없다).

6. 강인한 뱀

옛날 옛적에 뱀에 물린 것을 치료하는 것에 전문인 의사가 있었다. 어느 날 치명적인 독사에게 물린 남자의 친척이 그 의사를 불렀다.

의사는 그들에게 말했다. "이 뱀에 물린 상처 치료에는 두 가지 방법이 있습니다. 하나는 약을 먹이는 것입니다. 다른 하나는 사람을 물었던 뱀을 잡아서 자신의 독을 빨아내도록 하는 것입니다." 가족들은 말했다. "뱀을 찾아 독을 빨아내도록 하고 싶습니다."

뱀이 잡힌 후, 의사는 뱀에게 물었다. "너가 이 사람을 물었느냐?" 뱀이 말했다. "네." 의사가 말했다. "그러면, 이 사람의 상처에서 너 자신의 독을 반드시 빨아 내어야 한다." 그러나 의지가 강한 뱀이 대답했다. "내 독을 다시 빼어내라고? 절대로! 나는 그런 일을 한 적이 없고 앞으로도 없을 것이다!"

Then the doctor started a wood fire and said to the snake, "If you don't suck that poison out, I'll throw you in this fire and burn you up!"

But the snake had made up his mind[1]. He said, "I'd rather[2] die!" And he began moving towards the fire. In all his years, the snake bite expert doctor had never seen anything like this! He took pity on[3] the courageous snake, and kept him from[4] entering the flames. He used his medicines and magic spells[5] to remove the poison from the suffering man.

1) made up one's mind: 결정하다, 결심하다. e.g.) He should make up his mind before graduating? (그는 졸업하기 전에 결심을 해야 한다).

2) would rather: 보통 'd rathe …하기 보다는 차라리 …하겠다. ex She'd rather die than give a speech. (그녀는 연설을 하느니 차라리 죽는 게 나을 것 같았다).

3) take pity on: 애처롭게 생각하다. 불쌍히 여기다. e.g.) The teachers should not demean these children nor take pity on them. (교사는 이러한 학생들을 비하해서도, 불쌍히 여겨서도 안 된다).

4) keep ~ from : ~하지 못하게 하다, ~하는 걸 막다. e.g.) She kept the snow from freezing on the road (그녀는 눈이 길에 얼지 않도록 했다). keep 대신 stop, prevent, hinder, prohibit 등의 동사로 바꿔서 말할 수 있다.

5) spell [spel]: 주문(呪文). magic spells: 마법의 주문.

그러자 의사는 장작불을 피우며 뱀에게 말했다. "네가 그 독을 빨아내지 않으면 내가 너를 이 불 속에 던져 태워 버리겠다!"

그러나 뱀은 결심했다. 그는 말했다. "나는 차라리 죽겠어!" 그리고 그는 불을 향해 움직이기 시작했다. 수년 동안 독사에 물린 상처 치료 전문 의사는 이런 것을 본 적이 없었다. 의사는 용감한 뱀을 불쌍히 여겨 그가 화염 속으로 들어가지 못하게 막았다. 그는 약과 마법의 주문을 사용하여 고통받고 있는 사람에게서 독을 제거했다.

The doctor admired[1] the snake's single-minded determination[2]. He knew that if he use his determination in a wholesome way he could improve himself. So he taught him the Five Training Steps[3] to avoid unwholesome actions. Then he set him free[4] and said, "Go in peace and harm no one."

 The Moral _____

Determination wins[5] respect.

---

1) admire [ædmáiər]: (…을) 감복[찬탄]하다, 칭찬하다, 사모하다.

2) determination [ditə́:rmənéiʃən]: 결심; 결의, 결단(력) e.g.) a man of great determination (결심이 굳은 사람).

3) the Five Training Steps: 5계 (五戒, five precepts).

4) set free: ~을 자유의 몸이 되게 하다, 석방하다. e.g.). The prisoner was set free. (죄수는 석방되었다).

5) win [win]: (노력해서) 손에 넣다, 얻다, 확보하다. e.g.) to win fame (명예를 얻다). e.g.) By his disco-very he won honors for himself. (그의 발견에 의해서 그는 명예를 얻었다).

의사는 뱀의 한결같은 결단력에 경의를 표시하였다. 의사는 뱀이 자신의 결의를 건전한 방법으로 사용하면 자신을 향상시킬 수 있다는 것을 알았다. 그래서 그는 그에게 불선한 행동을 피하는 다섯 가지 훈련 단계[1]를 가르쳤다. 그런 다음 그는 그를 놓아주며 말했다. "편안하게 지내라. 아무에게도 해를 끼치지 마라."

 교훈 _____

결단은 존경을 획득한다.

---

1) 다섯가지 훈련 단계는 오계를 가리키는데, 여기서는 오계 중 첫번째 불살생계를 특별히 의미한다. 살아 있는 생명체는 괴롭히거나 죽이지 말라는 규율이다.

7. Building a House in Mid-air

Once upon a time there were two very rich merchants living in the same town, both loved to show off[1] their wealth. Let us call them A and B. One day merchant A went to visit merchant B, and he observed[2] that B had a big house three storeys[3] high. He also noticed that everyone in town was very impressed with B's house and said how great it was!

On returning home, merchant A was not happy that B got all the attention. So he also hired the same architect[4] to build another house three storeys high. The architect accepted the job and started the project[5].

---

1) show off: 과시하다, 뽐내다. e.g.) He shows off everything he has. (그는 자신이 가진 모든 것들에 대해서 잘난 체했다). show up: 갑작스럽게 나타나다. e.g.) He did not show up to work. (그는 아무런 통보 없이 출근 안 했어).

2) observe [əbzə́:rv]: 관찰하다, 관측하다, 잘 보다; 주시[주목]하다; 감시하다 e.g.) He observes an eclipse. (그는 일식[월식]을 관측한다).

3) storey [stó:ri]: 층, 계층. 복수형은 stories, 또는 storeys 이다. e.g.) a building of three storeys (3층 건물), eight stories [storeys] high 8층 높이. floor와는 다르게, 1층과 2층, 2층과 3층 따위의 사이의 공간을 말한다.

4) architect [á:rkitèkt]: 건축가[사], 건축기사; 설계자.

5) project [prάdʒekt]: 계획, 설계, 계획 사업, 과제, 개발 토목 공사. e.g.) engineering project(토목 사업). e.g.) a home project(가정 실습).

7. 공중에 집짓기

옛날 옛적에 같은 마을에 두 명의 매우 부유한 상인이 살고 있었는데 둘 다 자신의 부를 과시하는 것을 좋아했다. A와 B라고 부르자. 어느 날 상인 A가 상인 B를 만나러 갔을 때 상인 A는 상인 B가 3층 높이의 큰 집을 소유하고 있는 것을 보았다. 상인 A는 또한 마을의 모든 사람들이 상인 B의 집에 매우 깊은 인상을 받고 그것이 매우 훌륭하다고 말하는 것에 주목하였다.

집으로 돌아오며 상인 A는 상인 B가 모든 관심을 받는 것에 행복하지 않았다. 그래서 그는 같은 건축가를 고용하여 3층 높이의 또 다른 집을 짓도록 하였다. 건축가는 그 일을 수락하고 프로젝트를 시작했다.

A few days later, merchant A went to visit the construction[1] site. When he saw workers digging the land to prepare for the foundation, he went to see the architect and asked what was happening.

"I am constructing a three storeys high house as per[2] our contract[3]." replied the architect. "First, I have to prepare a solid foundation, then build the first floor, second floor and finally third floor."

"I do not want anything else. I just want the third floor right away, as high as B's house." demanded[4] merchant A. "Never mind[5] the foundation or the other floors."

"That cannot be done." replied the architect.

"OK, then I hire someone else to do it."

Nobody in town was able to build a house with no foundation, and so the project was never done.

---

1) construction [kənstrʌ́kʃən]:건설, 건조, 건축, 구성; (건조·건축·건설) 공사, e.g.) construction site: 공사 현장, 공사장.

2) as per: ~에 따르면(according to). according to 와 as per 를 비교해 보았을 때, as per는 판결문이나 계약서 등에서 주로 쓰이는 다소 딱딱한 표현이다. e.g.) Please pay your rent on time, as per the terms of the lease. (임대 계약 조건에 따라, 대여비를 제때에 지급해 주세요).

3) contract [kántrækt]: 계약, 약정, 계약서 e.g.) a verbal [an oral] contract (구두 계약), a written contract (서면 계약).

4) demand [dimǽnd]: 요구하다, 청구하다.

5) mind [maind]: [주로 부정·의문·조건문에 있어서] 꺼리다, 싫어하다, 귀찮게 여기다, …에 반대하다(object to). e.g.) If you don't mind(괜찮으시다면).

며칠 뒤 상인 A는 공사장을 찾아갔다. 그는 기초 준비를 위해 땅을 파는 인부들을 보고 건축가를 찾아가 무슨 일이냐고 물었다.

건축가가 대답했다. "나는 우리 계약에 따라 3층 높이의 집을 짓고 있습니다. 먼저 탄탄한 기초를 다지고 나서 1층, 2층, 마지막으로 3층을 지어야 합니다."

"다른 건 바라지 않으니, 바로, B의 집만큼 높은 3층을 원합니다. 기초나 다른 층은 신경쓰지 마십시오."

건축가가 대답했다. "그것은 가능하지 않습니다."

"알았어요, 그럼 다른 사람을 고용해서 집을 지어야지요."

마을에는 어느 누구도 기초 없이 집을 지을 수 없었기 때문에 그 프로젝트는 결코 완료되지 않았다.

8. The Passion-tost fish

This story was told by the Master[1] while at Jetavana, about being seduced[2] by the wife of one's mundane[3] life before joining the Brotherhood[4]. Said the Master on this occasion, "Is it true, as I hear, Brother, that you are passion-tost[5]?"

"Yes, Blessed One."

"Because of whom?"

"My former wife, sir, is sweet to touch; I cannot give her up[6]! "

Then said the Master, "Brother, this woman is hurtful to you. It was through her that in bygone times[7] too you were meeting your end, when you were saved by me."

---

1) master [mǽstər, mάːstər]: 주인, 영주(lord), 고용주(employer), 기독교에서 the Master 하면 주 예수 그리스도를 가리키는데 여기에선 붓다를 지칭한다.

2) seduce [sidjúːs]: (이성을) 유혹하다; 매혹시키다, 반하게 하다.

3) mundane [mʌ́ndein]: 현세의, 세속적인(earthly); 보통의.

4) brotherhood [brʌ́ðərhùd]: 종교적·정치적 단체, 협회, 조합; 동료; [집합적] 동업자. e.g.) the legal brotherhood (법조단).

5) passion-tost: 열정으로 던져진. passion: 평상시의 자기를 잊게 할 정도의 강렬한 격정. 맹목적인, 때로 이성에 대한 정열. toss: 가볍게 아무렇게나 던지다.

6) give up: 그만두다. 포기하다. 열심히 노력하고 있는 일을 그만두다, 또는 이미 하고 있는 일을 그 만 두다, 이미 가지고 있는 것을 버리다. e.g.) We shouldn't give up hope for a COVID-free future. (우리는 코로나 없는 미래에 대한 희망을 포기해선 안됩니다).

7) bygone times: 전생 (past life).

8. 욕정에 던져진 물고기

　　이 이야기는 스승[1]이 제타바나에 머물고 있을 때 어느 한 남자가 승가에 들어오기 전 세속의 아내에게 유혹을 받은 것과 관련해 들려졌다. 이때 스승은 물었다. "비구여! 내가 듣건데 그대가 욕정에 사로잡혔다고 하던데 그것이 사실인가?"

　　"네, 세존이시여."

　　"누구 때문에?"

　　"세존이시여. 나의 이전 부인은 만지기에 사랑스러워서 포기할 수 없습니다!"

　　그러자 스승이 말했다. "비구여! 이 여인은 그대에게 고통을 주었다. 전생에도 정말이지 그녀로 인하여 그대는 죽음을 맞이하였는데 그대는 나로 인해 구원받았다."

---

1) 스승은 여기에선 붓다를 의미한다.

And so saying, he told this story of the past.

Once upon a time when Brahmadatta was reigning in Benares, the Bodhisatta[1] became his family-priest. In those days some fishermen had cast their net into the river. And a great big fish came along amorously toying[2] with his wife. She, scenting the net as she swam ahead of him, made a circuit round it and escaped. But her amorous[3] spouse, blinded by passion, sailed right into the meshes of the net.

As soon as[4] the fishermen felt him in their net, they hauled[5] it in and took the fish out; they did not kill him at once[6], but flung him alive on the sands. "We'll cook him in the embers for our meal," said they; and accordingly they set to work to light a fire and whittle[7] a spit[8] to roast him on.

---

1) Bodhisatta: 보살, 보리살타(菩提薩埵).
2) toy [tɔi]: 장난하다, 가지고 놀다; 우롱하다.
3) amorous [ǽmərəs]: 호색의, 연애하고 있는, 연애의, 요염한.
4) as soon as: ~하자마자.
5) haul [hɔːl]: 세게 잡아끌다; 끌어당기다 e.g.) haul up an anchor (닻을 끌어 올리다).
6) at once: 동시에, 한 번에. 앞에 'all'을 넣어 의미를 강조하기도 한다. e.g.) They answered all at once. 그들은 모두 동시에 대답했다.
7) whittle [hwítl]: 나무를 조금씩 깎다, 베다; 깎아서 어떤 모양을 갖추다; 조금씩 줄이다, 삭감하다. e.g.) He whittled the wood into a figure. (그는 나무를 깎아 조상(彫像)을 만들었다).
8) spit [spit]: 고기 굽는 꼬챙이, 꼬치.

그렇게 말하면서 스승은 전생의 이야기를 하였다.

옛날 옛적에 브라흐마닷타가 베나레스(Benares)에서 통치하고 있을 때 보살[1]은 왕의 왕실 사제가 되었다. 그 당시 몇몇 어부들이 강에 그물을 던졌다. 그리고 큰 물고기 한 마리가 그의 아내와 사랑스럽게 놀면서 다가왔다. 그녀는 그의 앞에서 헤엄치며 그물 냄새를 맡았고 그물을 한 바퀴 돌아 탈출했다. 그러나 욕정에 눈이 먼 그녀의 사랑스러운 배우자는 바로 그물망으로 향하였다.

어부들은 그물에서 물고기를 느끼자마자 그물을 끌어다가 물고기를 꺼냈다. 그들은 물고기를 즉시 죽이지 않고 산 채로 모래 위에 던졌다. 그들이 말했다. "우리는 식사를 위해 불 속에서 그를 요리할 것이다." 이에 따라 그를 굽기 위해 그들은 불을 붙이고 꼬챙이를 만들기 시작했다.

---

1) 보살(Bodhisatta)은 보리 즉 지혜를 추구하는 사람이라는 의미로 대승불교 이전엔 주로 35세 정각 이전의 수행자인 고타마 싯닷타를 가리킨다.

The fish lamented, saying to himself, "It's not the torture of the embers[1] or the anguish of the spit or any other pain that grieves me; but only the distressing thought that my wife should be unhappy in the belief that I have gone off with[2] another."

Just then the priest came to the riverside with his attendant slaves to bathe. Now he understood the language of all animals. Therefore, when he heard the fish's lamentation, he thought to himself, "This fish is lamenting the lament of passion. If he should die in this unhealthy state of mind,[3] he cannot escape rebirth in hell. I will save him."

So he went to the fishermen and said, "My men, don't you supply[4] us with a fish every day for our curry?" "What do you say, sir?" said the fishermen; "Pray[5] take away with[6] you any fish you may take a fancy to[7]." "We don't need any but[8] this one; only give us this one." "He's yours, sir."

---

1) ember [émbər]: (보통 복수형) 타다 남은 잿불, 깜부기불, 여신(餘燼).

2) go off with: ~를 가지고 떠나다. e.g.) I should have never let her go off with the kids. (나는 그녀가 아이들을 데리고 떠나게 하지 말았어야 했다).

3) 죽을 때 마음이 부정적인 상태가 되면 재생할 때 부정적인 모습이나 환경에 다시 태어난다.

4) supply [səplái]: 공급하다, 지급하다, 배급하다. supply A with B: A에게 B를 제공하다.

5) pray: I pray you의 간략형. 제발, 바라건대(please). e.g.) Pray come with me. (제발 저와 함께 가요).

6) take away: 눈에 보이는 사물뿐만 아니라 기회, 목숨, 시간 등을 빼앗는다. 없애다(치우다). 체포하여 잡아가다. e.g.) Two men came in and took him away (두 남자가 와서 그를 잡아갔다).

7) take a fancy to: 을 좋아하게 되다. e.g.) I never used to like raisins as a kid, but I've taken a fancy to them as I've grown older. (나는 아이였을 때 결코 건포도를 좋아하지 않았지만, 나이가 들면서 좋아하게 되었다).

8) but: (전치사로) ~을 제외하고 (except for).

물고기가 한탄하며 속으로 말하였다. "나를 슬프게 하는 것은 잿불의 고통이나 꼬챙이로 인한 괴로움이나 그 밖의 어떤 고통도 아니다. 내가 다른 물고기와 바람을 피워 떠났다고 믿게 된 아내가 불행해 할 것이라는 괴로운 생각이 나를 괴롭힐 뿐이다."

바로 그때 왕실 사제가 시종들과 함께 목욕을 하러 강가로 왔다. 그 당시 그는 모든 동물의 언어를 이해했다. 그래서 그는 물고기의 비탄을 듣고 속으로 생각했다. "이 물고기는 정욕으로 비탄해 하고 있다. 이런 좋지 않은 상태에서 죽으면 지옥 재생을 피할 수 없다.[1] 내가 살려주어야 하겠다."

그래서 그는 어부들에게 가서 말했다. "여러분, 당신들은 우리 카레에 들어가는 생선을 매일 공급하지 않겠습니까?" 어부들이 말했다. "무슨 말씀이세요, 선생님? 어떤 물고기든 당신이 좋아하는 것으로 가져가도록 하십시오." "이거 말고는 필요 없으니 이것만 주세요." "이 물고기는 당신 것입니다, 선생님."

---

1) 죽을 때 마지막 의식 상태가 다음 내생에 태어날 때 매우 중요한 역할을 한다. 마지막 의식 상태가 좋지 않으면 내생의 의식 상태도 좋지 않아 고통스런 삶을 살게 된다. 따라서 마지막 의식 상태를 긍정적으로 만들어야 좋은 곳에 태어날 수 있다.

Taking the fish in his two hands, the Bodhisatta seated himself on the bank and said, "Friend fish, if I had not seen you to-day, you would have met your death. Cease for the future to be the slave of passion." And with this exhortation[1] he threw the fish into the water, and went into the city.

The Master preached the Truths, at the close whereof the passion-tost Brother won the First Path.[2] Also, the Master showed the connexion and identified[3] the Birth by saying, "The former wife was the female fish of those days, the passion-tost Brother was the male fish, and I myself the family-priest."

---

1) exhortation [ègzɔːrtéiʃən]: 간곡한 권유, 권고, 충고, 경고, 훈계.

2) the First Path: 예류도를 지칭한다.

3) identify [aidéntəfài]: (본인·동일물임을) 확인하다; (사람의 성명·신원, 물건의 명칭·분류·소속 따위를) 인지[판정]하다; 신원을 밝히다; 감정하다. e.g.) She identified the fountain pen as hers. (그녀는 그 만년필이 자기 것임을 확인하였다).

두 손에 물고기를 잡고 보살이 강둑에 앉아 말했다. "물고기 친구여! 오늘 당신을 내가 보지 않았다면 너는 죽을 뻔하였다. 미래에는 욕정의 노예가 되지 않도록 하거라" 그리고 이 권고와 함께 그는 물고기를 물에 던지고, 시내로 들어갔다.

스승은 진실을 말씀하였고 법문 끝에 욕정에 사로잡혔던 비구는 예류도[1]를 얻게 되었다. 스승은 (전생과 현생의) 연결[2]을 보여주고 출생을 밝혔다. "출가 전 아내는 과거 전생의 암컷 물고기였고, 욕정에 사로 잡힌 비구는 숫컷 물고기였다. 그리고 나 자신은 왕실 사제였다."

---

1) 예류도는 4향4과 중 첫번째 단계를 의미한다. 예류도에 들어가면 더이상 3악도에 떨어지는 일은 없다. 진정한 진리의 길에 들어가게 되었다는 의미로 예류도라고 한다. 4향4과는 사상8배라고도 하며 4도4과라고도 한다. 4도4과를 순서대로 나열하면 다음과 같다. 예류도/예류과, 일래도/일래과, 불환도/불환과, 아라한도/아라한과.
2) 여기서 연결은 전생과 현생의 인연 연결을 의미한다.

9. The Love Story of the Buddha and Yasodhara

Once upon a time, there was a herd of[1] deers grazing by the riverside, lead by a Deer King. One day, a hunter set up[2] a trap to hunt animals, but unfortunately, as the herd of deers was grazing by the riverside, the Deer King was caught by the trap. He struggled and struggled against the trap, while the other deers were so scared that they all ran away.

But, a female deer did not escape. She stayed with the Deer King and said to him, "Before the hunter comes along, you better try all your strength to loosen the trap. Maybe you still have a chance to get away with[3] it."

---

1) a herd of: 육상동물의 무리를 표현한다. deer (사슴), giraffes (기린), cows, sheep (양), elephants 의 무리를 표현할 때 사용한다. a flock of: 깃털이 달린 조류의 무리를 표현할 때. a school of: 수중 동물들의 무리를 표현할 때.
2) set up: 설치하다; 함정에 빠뜨린다.
3) get away with: ~을 잘 해내다, 벌 따위를 교묘히 모면하다. e.g.) We'd never get away with that behavior here. (여기서 그런 행동으로는 우리는 무사하지 못할 거예요).

9. 붓다와 야소다라의 사랑이야기

옛날 옛적에 사슴왕이 이끄는 사슴 떼가 강변에서 풀을 뜯어 먹고 있었다. 어느 날 사냥꾼이 동물을 사냥하기 위해 덫을 놓았는데, 안타깝게도 강변에서 한 떼의 사슴 무리가 풀을 뜯어 먹고 있을 때 사슴왕이 덫에 걸렸다. 사슴왕은 덫에 맞서 고군분투했고, 다른 사슴들은 너무 무서워서 모두 달아났다.

그러나 한 마리 암컷 사슴은 도망치지 않았다. 그녀는 사슴왕과 함께 머물면서 그에게 말했다. "사냥꾼이 오기 전에 온 힘을 다해 덫을 푸는 것이 좋습니다. 아직 덫을 빠져 나갈 기회가 있을지도 모릅니다."

But, no matter how the Deer King tried, it was no use[1]. Finally he said, "I am becoming weak now. There is no hope of escaping. You'd better[2] go and take care of[3] yourself."

At this time, they saw the hunter was coming. "You see," said the Deer King, "that black faced man must be the hunter. He is wearing a deer-skin robe and he will kill me for my skin and for my meat." On hearing this, the female deer approached the hunter and confronted him, "Mr. hunter, you may kill me first, before you kill the Deer King."

The hunter was surprised by the courage of the female deer and asked, "What is the relationship between two of you?" "He is my husband", replied the female deer. "I love him so much that I am willing to[4] die for him. We cannot be separated from each other. Now, if you want to kill him, you should kill me first!"

---

1) It is no use:~ 해봐야 소용없다. e.g.) It is no use trying to deceive me. (나를 속이려고 아무리 노력해도 소용없다).

2) 'd better: had better+동사원형. ~하는 것이 좋겠다. e.g.) I'd better be a sparrow than a snail (나는 달팽이가 되느니 차라리 참새가 되겠다).

3) take care of: ~을 돌보다 (look after), 뒷바라지하다, ~을 소중히 하다. 어린아이, 노인, 환자 같은 사람이나 좋은 상태를 유지해야 할 대상에 대해 쓸 수 있다. e.g.) You can borrow my camera if you promise to take care of it. (네가 카메라를 잘 관리하겠다고 약속하면 내 카메라를 빌려 가도 된다). 더 격식적인 언어에서는 'care for+사람'도 쓸 수 있다. e.g.) She does some voluntary work, caring for the elderly. (그녀는 노인들을 돌보며 자원봉사를 한다).

4) be willing to: ~할 의지가 있다. ~할 의향이 있다. 기꺼이 ~하겠다. e.g.) I am willing to leave it to the majority. (저는 기꺼이 다수에게 그것을 맡길 것이다). 반대의 표현으로 be reluctant to (꺼려하다)가 있다. e.g.) She's reluctant to admit that she was wrong. (그녀는 자신이 틀렸다는 것을 인정하기 꺼린다).

그러나 사슴왕은 아무리 애를 써도 소용없었다. 마지막으로 그는 말했다. "나는 이제 점점 약해지고 있다. 도망칠 가망이 없다. 너는 가서 스스로를 돌보는 것이 낫다."

이때 그들은 사냥꾼이 오는 것을 보았다. 사슴왕이 말했다. "저 검은 얼굴을 하고 있는 사람은 사냥꾼임에 틀림없다. 그는 사슴 가죽 옷을 입고 있는데 나의 피부와 고기 때문에 나를 죽일 것이다."

이 말을 들은 암사슴은 사냥꾼에게 다가가 직면하며 말했다. "사냥꾼님!, 사슴왕을 죽이기 전에 먼저 저를 죽여 주십시오."

사냥꾼은 암사슴의 용기에 놀라 물었다, "두 사람의 관계는 무엇인가?"

암사슴이 대답했다. "그는 내 남편이에요. 저는 그를 너무 사랑해서 그를 위해 기꺼이 죽고자 합니다. 저희는 서로 헤어질 수 없습니다. 이제 당신이 사슴왕을 죽이길 바란다면 먼저 저를 죽여야 합니다!"

The hunter was startled[1] by what he had just heard and thought, "she is a very loving wife! I never seen any thing like this before." He was so moved that he told the female deer, "I have never came across[2] such a loving wife before. How can I be so cruel to separate both of you. OK, I will release your husband and let both of you go. I will pray for your love with each other."

Having said that, the hunter cut loose the Deer King and let them go. The female deer was so happy and said, "Thank you very much. I, my husband and my herd are so grateful to your compassion."

Having finished the above story, the Buddha told his disciples, "In our former lives[3], I was the Deer King and Yasodhara was the female deer. She had always been by my side, supporting me and suffering because of my deeds. Other couples may be separated or even divorced, but not us."

---

1) startle [stά:rtl]: 깜짝 놀라게 하다; 펄쩍 뛰게 하다. e.g.) The noise startled me out of my sleep. (그 소음에 깜짝 놀라 나는 잠이 깨었다).
2) come across: ~와 우연히 마주치다, ~을 우연히 발견하다. e.g.) I came across this article on the Internet. (나는 이 기사를 인터넷에서 우연히 봤다).
3) former lives: 전생 (past life).

사냥꾼은 자신이 이제 막 들은 말에 깜짝 놀랐습니다. "이 암사슴은 매우 사랑이 넘치는 아내이다! 나는 이런 것을 본 적이 없다." 그는 너무 감격하여 암사슴에게 이렇게 말했다. "나는 이전에 이렇게 사랑스런 아내를 만난 적이 없다. 어떻게 내가 너희 둘을 갈라놓을 정도로 그렇게 잔인할 수 있겠는가. 좋다! 그대의 남편을 놓아주고 너희 둘 다 보내주도록 하겠다. 나는 너희 둘 서로의 사랑을 위해 기도할 것이다."

그렇게 말하며 사냥꾼은 사슴왕을 풀어 그들을 놓아 주었다. 암사슴은 너무 기뻐하며 말했다. "대단히 고맙습니다. 저와 남편, 그리고 제 무리는 당신의 자비에 정말 감사드립니다."

위의 이야기를 마치고 붓다는 제자들에게 말하였다. "전생에 나는 사슴왕이었고 야소다라는 암사슴이었다. 그녀는 항상 내 옆에 있으면서 나를 지지해주었고, 나의 행위로 인해 고통을 받았다. 다른 부부들은 별거 또는 심지어 이혼하지만 우리는 아니다."

색인

Pali   36
philo   12
philosophy   12

Rahula   74, 184
relics   104
Renunciation   74
Right Action   144
Right Concentration   148
Right Effort   146
Right Livelihood   146
Right Mindfulness   146
Right Speech   144
Right Thought   142
Right Understanding   142

Samsara   120
Sangha   160
selfishness   138
Siddhārtha Gautama   13
sophia   12
stupas   104
Sujata   86
Supernatural being   14

Theravada   30
Threefold Refuge   166
three poisons   124
Triple Gem   166

Uddaka   80
unwholesome actions   116

Wheel of the Dhamma   98
white elephant   40
wholesome actions   116
wisdom   12

Yasodhara   226

4무량심   151
5계   175
7각지   55
8성도   141

안양규 安良圭

동국대학교 경주캠퍼스 불교학부 교수이며, 한국불교상담학회
회장으로 활동하고 있다. 서울대학교(종교학)와 동국대학교(불교
학)에서 학사와 석사과정을 밟았고, 영국 옥스퍼드대학교에서 철
학박사 학위를 받았다. 일본 동경대학교 외국인연구원, 서울대학
교 종교문제연구소 특별연구원, 동국대학교 경주캠퍼스 불교문
화대학원장 등을 역임했다. 주요 역·저서로 《붓다, 자기사랑을
말하다》, 《붓다의 입멸에 관한 연구》, 《The Buddha's Last Days》
등이 있다.

불교 영어 첫걸음

초판 1쇄	2023년 4월 28일
지은이	안양규
펴낸이	오종욱
총괄 진행	서미정
표지 디자인	선원들
펴낸곳	올리브그린
	경기도 파주시회동길 145, 아시아출판문화정보센터 연구동 2층 201호
	olivegreen_p@naver.com
	전화 070-6238-8991 / 팩스 0505-116-8991
가격	15,000원
ISBN	978-89-98938-56-7 03220